人物叢書

新装版

富《とみ》岡《おか》鉄《てっ》斎《さい》

小高根太郎

日本歴史学会編集

吉川弘文館

富岡鉄斎肖像

風雨読書図

潤筆千金購二碧緗《あがのうへきさうを》一。挑燈
披読意揚々。雨風淅瀝《せきれき》投《ず》二
窗隙《さうげきに》一。攪破玉夢一場。
寄似《よせしめして》二
湖南内藤学友一乞《う》レ正《を》。
鉄斎外史

竹楼不朽

竹楼《は》在二黄州府治之東一。
制度絶小。南面江流。風帆
魚鳥之適。亦自《おのずから》幽勝。宋
王元之《の》建記云。遠呑二山
光一。平挹《くむ》二江瀬《を》一。幽闃遼敻《ゆうげきりようけい》。
不レ可二具状一。其詳《つまびらかなること》見二竹楼
記《に》一。故不レ贅《ここにぜいせず》レ此。
大正六年五月
八十二齢鉄斎外史

稽首《す》観音。宴
坐宝石。忽忽《こつこつ》夢
中応《ず》二我《が》空寂《に》一。
観音不レ来我亦
不レ往。水在二盆中一。
月在二天上一。
蘇東坡居士賛
鉄斎居士画

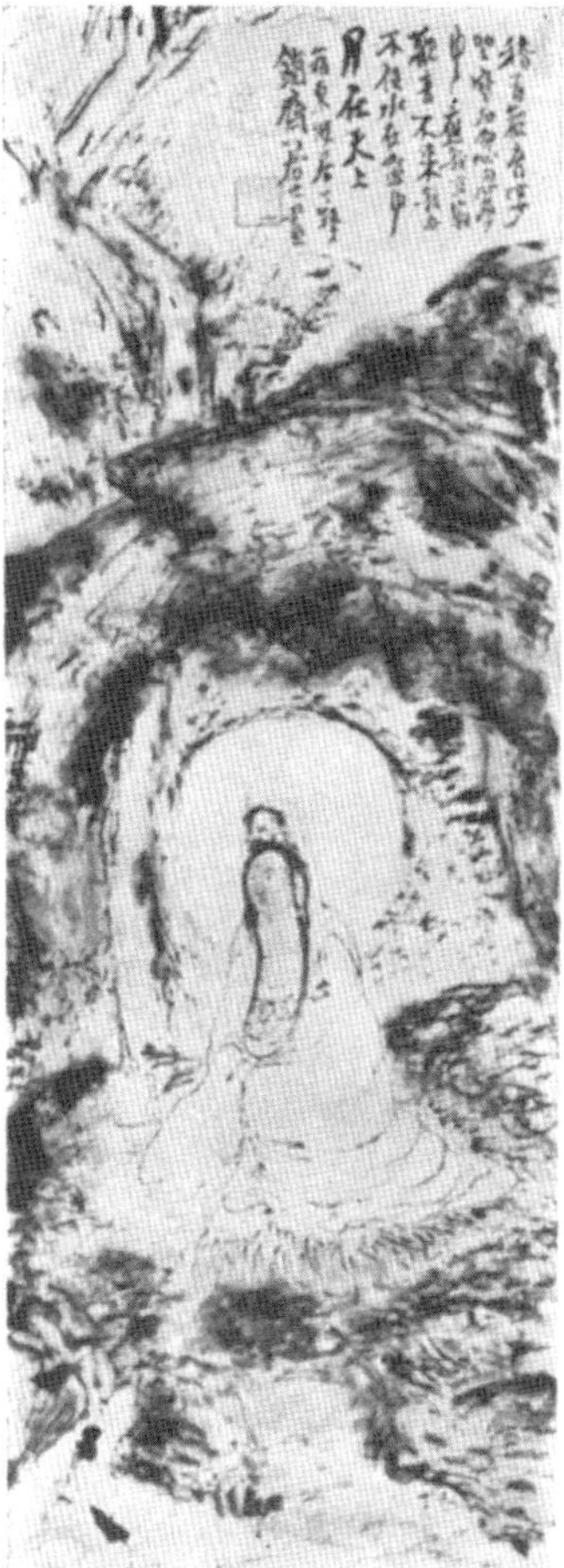

普陀洛山観世音菩薩像

王元之竹楼記図

富　而　不　驕　図

はしがき

鉄斎は近代日本に生れた、ただ一人の世界的大芸術家であった。そのことは、あるいは、自分は学者であって画家ではないと、生涯あくまでも言いつづけていた彼自身の気のつかなかったことかも知れない。しかし彼の主観的な意図が何であるにしろ、彼が十九世紀から二十世紀にかけての世界美術史の上で、セザンヌやゴッホにも匹敵する大芸術家であったことは、今日なに人も否定することの出来ない客観的事実である。この偉人のおもかげを正確な資料によって平明に描き、出来るだけ多くの人々に鉄斎の芸術を理解してもらうことが、この小著の目的である。記述にあたっては、富岡家に保存されている鉄斎自身の筆記、諸家に残っている書翰その他の文献を根本資料とし、また明治・大正期のあらゆる美術雑誌類を参照したが、晩年の日常生活に関しては、主として鉄斎の孫女富岡冬野女史の遺稿、嫡孫富岡益太郎氏の著述と談話に依った。なお、その他多くの点において、益太郎氏の調査研究の結果を利用させていただいた。記して謝意を表する。なお本文中には、現存者もすべて敬称を略し、記述の客観性を期したことをお断りしておく。

一九六〇年一一月

小高根太郎

今回重版にあたり、新たに発見された資料を取り入れ、若干の誤りを訂正した。他日改版の機会があったら、さらに加筆したい。

（一九七二・五・一五追記）

目次

口絵

挿図

一　家系と生い立ち

誕生

しずかにおちつきのある京都の町々の中でも、三条通室町《むろまち》西入ル 衣棚《ころものたな》町といえば、大きな問屋や老舗《しにせ》の軒のならんでいる町筋であったが、その一角に十一屋伝兵衛という各宗派の法衣をあきなう由緒《ゆいしょ》のふるい一軒の店があった。富岡鉄斎は、その家で天保七年十二月十九日に生れたが、それは西暦に換算すると、一八三七年一月二十五日にあたっている。今から百二十六年前のことである。

家庭

鉄斎の父は七代目の十一屋伝兵衛で実名は富岡維叙《これのぶ》と言い、母は丹波国氷上郡(兵庫県)黒井村の荻野氏の女で絹と言った。絹は十一屋に奉公中、維叙の妻が死に後妻となり鉄斎を生んだが腹違いの長男は敬憲《たかのり》と言い、次男が取りもなおさず鉄斎その人であった。鉄斎の生れた時、父は三十三歳、母は二十六歳、兄は六歳であった。鉄斎の幼名は、わからないが、明治維新の後まで猷輔《ゆうすけ》という通称を用いている。猷介・猷助などとも書いている。青年時代には道昂《どうこう》とか道節と称しているが、維新の前後から百錬《ひゃくれん》という名を用いはじめ、後にはこの名に一定している。鉄斎というのは号であるが、別号がきわめておびただしくあるので、彼の名と号の変遷については、別に述べることにする。

　富岡家は本姓は大江氏であるという。最近、鉄斎の嫡孫益太郎氏が調べた所では、富岡家は下総古河藩主永井家の臣で、永井直政が淀に転封された時、移住して来たものと想定される証拠がある。ただし同家の過去帖によって、はっきり分る遠祖は、河内八尾の住人三井彦右衛門・法名法意の子で、大坂屋作兵衛・法名喜西である。その子某・法名浄安の代に屋号を十一屋と称し、浄安の子美啓の代から伝兵衛と名乗り、以来代々十一屋伝兵衛を襲名した。

　十一屋三代目は以直《いちょく》といって、富岡家の先祖の中でも、特に大切にされている人である。この人は石門心学《せきもんしんがく》の開祖である石田梅岩《ばいがん》の高弟で、二―三の著述もあり、心学史上かなり有名な人物である。石門心学の教えは、儒教や仏教や神道を一丸《いちがん》にしたようなもので、封建制のもとにおける町人道徳を説いたのであるが、その勤倹・質素を重んじる主義・主張は、当時の京都・大阪の町人階級に深い影響を及ぼし、武士の間にもその説を信奉する者が現われた。以直の時から心学は富岡家の家学となり、鉄斎も幼年時代から、その雰囲気《ふんいき》の中で成長することになったのである。以直には男子がなかったので、その娘に、やはり梅岩の高弟で、そのころ学者として名のあった大江権甫《ごんぼ》(通称、福田権兵衛)の子成文《なりぶみ》を婿に迎えて家をつがせた。権甫の子である玄圃《げんぽ》も学者であった。五代目の伝兵衛維徳《これのり》は、鉄斎の祖父維績《これつむ》の兄にあたるが、早く隠居して家を維績にゆずり、小沢蘆庵《ろあん》の弟子となって歌道に精進し、また画もかいた風流人である。鉄斎の父である維叙は十一屋の七代目にあたるが、青表紙というあだ名のあるほど学問のすきな人物であったという。遠祖大坂屋作兵衛より前の系図はあきらかでないが、とにかく富岡家は寛文・元禄このかた、めんめんと続いて来た京都の名家であり、相当に豊かな商売であった。母の実家は中程度の農家で、絹は行儀見習いのため十一屋に奉公しているうち、継叙の後妻に迎えられたのであるが、鉄斎の好学の素質は父方からの遺伝であり、その長寿の体質と粘り強い性格は母方の農民の血筋を引いたものであろう。

当時の内外の情勢

十九世紀のはじめは、ヨーロッパ諸国において産業革命が進み、資本主義社会の発展のめざましい時代であるが、ことに鉄斎の生れた一八三七年の前後には、電信の発明、汽車・汽船などの近代的運輸機関の大規模な実用化が行われ、人類文化史上、画期的な進歩がもたらされた。したがってイギリス・フランス・ロシアなどの強国は、さかんに海外貿易と植民地の開発に力をそそぎ、その勢いは遂に東アジアにまで波及するようになった。阿片戦争が起ったのは実に一八四〇年のことであった。ところが一方、日本の内部はどうかというと、天保七年はちょうど十一代将軍家斉《いえなり》の最晩年で、翌年の四月には十二代の家慶《いえよし》が将軍職をついでいる。家康が幕府を開いてからすでに二百三十余年、家光が鎖国令を布《し》いてから二百年ちょっとで、士民は長く続いた太平に馴れ、士風は頽廃《たいはい》し、文化はすでに爛熟の期を過ぎて腐敗・堕落の傾向を示しつつあった。動脈硬化した封建制度は、もはやその内部から勃興して来る商業資本の圧力を抑えることが出来なくなり、経済的・政治的に多くの矛盾《むじゅん》が発生しつつあった。天保八年(一八三七)大阪の与力《よりき》大塩平八郎が乱を起したのはこの矛盾の一つの先駆的な現象に外ならない。しかも、この内部から発生して来る矛盾を一層はげしくしたのは、外部から迫って来る他の矛盾であった。鎖国した日本が太平の夢をむさぼっている間に、外国の勢力は、しんしんと日本の周辺に接近しつつあった。この情勢を憂えた渡辺崋山《かざん》や高野長英のような先覚者は、このままでは日本は危いと説いたが、幕府は、天保十年

（一八三九）、人心をまどわすものとして彼らを罪した。

鉄斎の生れた時代は、まだまだ太平の夢は深かったが、封建制度の崩壊がまさに始まろうとする直前であって、すでにその徴候は、ぼつぼつ現われつつあった。これから弘化・嘉永・安政・万延・文久・元治・慶応と、明治維新にいたるまでの三十余年は、まさに内憂外患こもごも到り、国歩《こくほ》艱難《かんなん》をきわめた時代であった。

美術史的境位

美術史の方から考えると、天保七年はちょうど池大雅《いけのたいが》死後六十年目にあたり、谷口蕪村《ぶそん》死後五十三年目、円山応挙《まるやまおうきょ》死後四十一年目、松村呉春《ごしゅん》死後二十五年目、浦上玉堂《うらがみぎょくどう》死後十六年目、岡田米山人《べいさんじん》死後十六年目、野呂《のろ》介石《かいせき》死後八年目、頼山陽《らいさんよう》死後四年目、青木木米《もくべい》死後三年目、田能《たの》村竹田《むらちくでん》の死んだ翌年になっている。また当時生存していた有名作家をあげると八十八歳の岸駒《がんく》を筆頭に、葛飾《かつしか》北斎七十七歳、谷文晁《ぶんちょう》七十四歳、中林竹洞《ちくどう》六十一歳、貫名《ぬきな》海屋《かいおく》五十九歳、浦上春琴《しゅんきん》五十八歳、岡田半江五十五歳、山本梅逸《ばいいつ》五十四歳、菅井《すがい》梅関《ばいかん》五十三歳、小田海仙《かいせん》五十二歳、岡本秋暉《しゅうき》五十二歳、菊池容斎《ようさい》四十九歳、祖《そ》門鉄翁《もんてつおう》四十七歳、渡辺崋山《かざん》四十四歳、宇喜田《うきた》一蕙《いっけい》四十二歳、春木南溟《なんめい》四十二歳、金井烏州《うしゅう》四十一歳、高久《たかく》靄厓《あいがい》四十一歳、木下逸雲《いつうん》三十七歳、椿椿山《つばきちんざん》三十六歳、佐竹永海三十四歳、柴田是真《ぜしん》三十歳、守住《もりずみ》貫魚《かんぎょ》二十九歳、塩川文麟《ぶんりん》二十九歳、平野五岳《ごがく》二十八歳、帆足杏雨《ほあしきょうう》二十七歳、中西耕石《こうせき》二十五歳、日根対山《ひねたいざん》二十四歳、森寛斎《かんさい》二十三歳、狩野永悳《えいとく》二十三歳、田能村直入《ちょくにゅう》二十三歳、田崎草雲《そううん》二十二歳、谷口靄山《あいざん》二十一歳等があり、このころまだ幼少であった者としては山中信天翁《しんてんおう》十四歳、岡田為恭《ためちか》十三歳、藤本鉄石十一歳、岸竹堂《ちくどう》十一歳、鈴木百年十一歳、野口幽谷《ゆうこく》十歳、狩野芳崖《ほうがい》九歳、村山半牧《はんぼく》九歳、滝和亭《かてい》七歳、村田香谷《こうこく》六歳、荒木寛畝《かんぽ》六歳、河鍋暁斎《ぎょうさい》六歳、菅原白竜四歳、橋本雅邦《がほう》二歳などがある。なおフランス近代美術史上に偉大な業績をのこしたマネー・ドガ・セザンヌ・ロダン・モネー・ルノアールなどは、鉄斎と同じ世代の作家であって、マネーは五歳、ドガは三歳、鉄斎より年上であり、セザンヌは二歳、ロダンとモネーは三歳、ルノアールは四歳だけ年下である。

幼年時代の生活

さて、これまでの伝えによると、鉄斎の生家十一屋は、鉄斎がまだ幼少のころ没落し、一家は衣棚《ころものたな》の店を引きはらって、夷川《えびすがわ》のあたりに移転し、貧しい生活を送るようになった。そして間もなく鉄斎の父維叙《これのぶ》は死んだと言われていたが、これは間違いで、十一屋の店は明治初年まで衣棚にあったらしく、また維叙は安政三年(一八五六)、鉄斎が二十一歳の時まで存命していたことは明らかである。だから幼年時代から少年時代にかけての鉄斎は、これまでの説とは反対に、比較的ゆたかな生活を送ったものと考えられる。もちろん質素倹約をむねとする心学の家柄であるから、ぜいたくは許されなかったろうが、衣食に窮するというようなことは決してなかったのである。

耳と眼

鉄斎は幼少のころ胎毒《たいどく》を病み、それを治療したところ内攻《ないこう》して耳が遠くなったと言われている。晩年の鉄斎は右の耳は完全に聞えず、左の耳は傍《そば》で大声で話すとやっと聞える程度であったが、幼年時代からそんな状態であったのではなかろう。いくらかは遠かったかも知れないが、塾に通って先生の話を聞く程度の聴力は十分にあったであろう。ついでながら書いておくと、鉄斎は生れつき軽度の斜視があった。身体つきは骨細できゃしゃであったが、気性は豪胆《ごうたん》であった。背丈《せたけ》は昔の人としては普通で、伝えられるように特に小男であったわけではない。

体格

二　修業時代

これまでの説によると、鉄斎は幼少のころから学問が好きで本ばかり読んでいた、ところが母の絹はそれを好まず、鉄斎が本を読んでいると、それを取ってかくしたり、飯を食べさせなかった、けれども耳が遠いので商人に仕立てるわけにも行かず、仕方なく、八歳のころ西八条の六孫王《ろくそんのう》神社の稚児《ちご》にして、好きな学問をさせることにした、そのころの鉄斎は髪を稚児わにあげ、長い振袖を着て、道を行く人が振りかえって見るほどの美少年であったと伝えられているが、これもやはり間違いが多い。

父祖好学の血を受けた鉄斎が幼少のころから学問が好きだったのは自然であるが、昔の人は六歳か七歳になると寺子屋に通って、読み書き・そろばんを習ったものでで鉄斎もやはり最初はその道をたどったのである。そのころ鉄斎の生家に近いところに山本蕨園《まいえん》という人の塾があった。この人は山本梨園《りえん》の子であるが、その名は『平安人物誌』という当時の紳士録のような本に載っていて、相当の学者であり、書画のたしなみもあった。鉄斎はこの塾に通って初歩教育を受けた。彼は晩年まで珠算《しゅざん》が上手であったが、それはこの山本塾で仕込まれたものであろう。

このように初歩的な教育を受けているうちに、鉄斎の好学心は、ますます目ざめて来た。ある時、彼は『忠臣蔵《ちゅうしんぐら》』の芝居を見て大へん感動し、このようなことを調べるには学問が必要だと痛感し、非常に好学心を刺戟されたということを、鉄斎は晩年書きのこしているが、彼は子供のころから感激性が強かったのである。次第に成長するにつれて、彼の素質が学問に向いていることが、ますますはっきりして来た。ところが士・農・工・商の身分の区別がきびしかった当時の社会では、商家の子供は商人になるのが常道であったから、学問に志のある町家の少年は、医者になるか、僧侶になるか、神官になるより外に仕方はなかった。どういう因縁があったのか、よく分らないが、鉄斎は神官になる道を進んだのであった。八歳の時、六孫王神社の稚児になったというこれまでの説は、たしかな証拠がなく、うたがわしいが、彼が同神社の家来になったことがあるのは、まず確実で、それは彼がもっと成長してからのことではないかと思われる。このことは、やがて分るように、彼のその後の生活に非常に深い影響を及ぼしたのであって、明治のはじめ彼が石上《いそのかみ》神社や大鳥神社の神主になって、神社の復興に献身的な努力をそそいだのも、その因縁をここに発しているわけである。また彼は晩年まで毎朝欠かさず四方の神々を礼拝して祝詞《のりと》をあげるのを習慣としていたが、若いころ彼の心に植えつけられた神道に対する信仰は、彼の後年の複雑な精神生活を構成する一つの重要なファクターになった。

六孫王神社

野之口隆正

さて、神主になるとすると、いわゆる国学の知識が必要になって来る。そこで彼は、当時の京都で国学者として評判の高かった野之口隆正《ののぐちたかまさ》（のち大国と改姓）について『古事記』や『日本書紀』や『祝詞』のような日本の古典を学び、神道思想をきわめることとなった。この野之口という人は津和野（島根県）の出身で、平田篤《あつ》胤《たね》の門人であるから、本居宣長《もとおりのりなが》の孫弟子になるわけで、その国体神道を継承発展させた学者であるが、天保十四年（一八四三）以来、京都に住んで報本学舎という私塾を開いていた。もとより勤王家ではあったが、彼自身は政治運動に関係しなかった。しかし、その門下には多くの志士が現われ、たとえば文久三年（一八六三）、等持《とうじ》院《いん》の足利尊氏像の首をきって勤王派の気勢をあげた野呂直貞など、その尤《ゆう》なるものである。鉄斎は野之口の塾で、この野呂と知り、親交を結んだが、のち明治五年（一八七二）野呂の世話で、妻春子をめとったのである。それはとにかく、鉄斎が隆正の門に国学を学んだことは、彼の思想形成に大きな影響を及ぼしているのであって、明治のはじめ彼が教部省に提出した建白書などを見ても、国体神道の思想が、はっきりあらわれているのである。

一方、鉄斎はまた岩垣月洲《げっしゅう》について漢学をおさめた。岩垣家は初代の竜溪《りゅうけい》、二代の東園以来、古註学の家柄で、当時の京都の学界では、きわめて有力な地位を占め、月洲の弟子は前後三千人に達したという。彼は勤王派であったが、あくまで実学をおもんじ、経済をたっとび、民力を養うことを主張し、空疎な悲憤慷慨《ひふんこうがい》に終ることをいましめていた。中年失明したが、その後も佐久間象山《ぞうざん》・小松帯刀《たてわき》などと往来して国事につくしたという。鉄斎は後年、開拓とか殖産というような仕事に大へん興味をいだいていたが、それは月洲の実学を重んじる学風の影響を受けたためであるかも知れない。

鉄斎が山本蓕園《まいえん》の塾に入ったのは七歳のころだろうと思われるが、野之口隆正や岩垣月洲に学んだのは何時ごろからのことなのか、残念ながら資料がないので、はっきりしたことは分らない。およそ弘化・嘉永のころだったのではないかと推量されるだけであるが、こうして彼は勉学に余念なく少年の日をおくり、やがて青年期を迎えようとしていた。鉄斎の学問は、ようやく充実して来つつあった。

春日潜庵

そのころ久我《こが》家の諸大夫《しょだいぶ》に春日讃岐守《かすがさぬきのかみ》という人がいた。名は襄《じょう》、号を潜庵《せんあん》といって陽明学《ようめいがく》では当時第一流の人物で、勤王派の詩人として有名な梁川星岩《やながわせいがん》もかつて佐久間象山に送った手紙の中で「京師第一等の人物」と褒めちぎっており、西郷隆盛もその弟を入門させたほどで、勤王派の中心的存在であった。青年期に入ったばかりの鉄斎は、やがてこの潜庵について陽明学をきわめることとなったが、よほど潜庵の人物には感心したらしく、後年まで彼を称揚していた。

陽明学

陽明学というのは、明代の儒者王陽明《おうようめい》の学説であって、良知《りょうち》良能《りょうのう》を重んじ、知行合一《ちこうごういつ》を説いたものであるが、これは多分に仏教、とりわけ禅宗の影響を取り入れたものである。ところが鉄斎の生家の家学である石門《せきもん》心学も、その根本において仏教思想を取り入れており、心学の主張と陽明学の主張は一致する点が少なくない。それだから、幼年時代から心学の雰囲気《ふんいき》のなかで成長して来た鉄斎が、陽明学に特に心をひかれるようになったのは自然である。鉄斎は晩年まで王陽明の文集を愛読し、それを筆写しては自分の感想を書き加えている。彼の高潔な人格は、陽明学によって形成されたといっても過言《かごん》ではない。

梅田雲浜

このころ鉄斎はまた梅田雲浜《うんぴん》の塾にも通って、その説を聞いていた。雲浜は若狭(福井県)の小浜藩士であるが、その勤王思想のために藩主と衝突して浪人し、天保十四年(一八四三)以来、京都に住み、望南軒《ぼうなんけん》の講主となって諸生に教授していた。和漢の学に通じ、ことに山崎闇斎《あんさい》の説を祖述《そじゅつ》した。若い鉄斎は雲浜の人物にも大へん感心したらしく、のち明治十六年(一八八三)、東山霊山に雲浜の頌徳碑《しょうとくひ》が建てられた時は、その発起人の一人に加わり、また国家のことを憂えて自分の貧しさを意に介しなかった雲浜は、第一流の人物であったという意味の詩を作っている。

羅溪慈本

彼はまた大仏妙法院宮《だいぶつみょうほういんのみや》や曼殊院宮《まんじゅいんのみや》の侍読であった天台《てんだい》の学僧羅溪慈本《らけいじほん》につい

て詩文を学んだ。おそらく仏教についても教えをうけたことであろう。ある説によると、彼が鉄斎と号するようになったのは、慈本が鉄道人《どうじん》という号を彼に与えたからだというが、たしかな証拠はない。ついでながら、これまでの説によると、鉄斎は林鶴梁《かくりよう》について作文を学んだということになっているが、これは間違いである。鶴梁は幕府の役人で、京都に住んだことはなかったから、鉄斎が彼の弟子になるようなことはあり得なかったはずである。ただし明治七年(一八七四)、鉄斎が北海道旅行の途中、東京に立ちよって鶴梁に会っている事実はある。

鉄斎が潜庵や雲浜の塾に学んだのも、残念ながら何時から何時までと、はっきりはしていないが、まず安政のはじめのことではないかと想像される。言うまでもないことながら、当時の私塾は、今日の学校のような、ととのった制度も設備もなかったが、それだけに先生と弟子の間の人間的接触は緊密で、生き生きと血の通う教育が行われたものである。しかも鉄斎の師匠たちは野之口隆正といい、岩垣月洲といい、春日潜庵といい、梅田雲浜といい、いずれも熱烈な勤王派であったのだから、影響を受けやすい青年期の鉄斎が急速に勤王思想にかぶれ、多くの若い志士たちと交際するようになったのは自然の勢いである。

　以上は彼が学問上のことで直接師事した人々であるが、そのほか当時の京都で学者や芸術家として名の知られた人々は、片っぱしから訪問して益を受けたらしい。たとえば勤王詩人として有名な梁川星岩《やながわせいがん》、その妻の紅蘭《こうらん》、同じく詩人の中島棕隠《そういん》、牧百峰、梅辻春樵《しゅんしょう》、宮原潜叟《せんそう》、南宗画家の貫名海屋《ぬきなかいおく》、山本梅逸《ばいいつ》、小田海《かい》仙《せん》、大和絵画家宇喜田一蕙《うきたいっけい》など、当時の京都の芸苑《げいえん》には多くのすぐれた人物がいた。また鉄斎よりやや年長の先輩としては、頼山陽《らいさんよう》の第三子である頼三樹三郎《みきさぶろう》、山中信天翁《しんてんおう》(静逸)、藤本鉄石《てっせき》、村山半牧《はんぼく》、板倉槐堂《かいどう》、江馬天江《てんこう》などがいたし、松本奎堂《けいどう》や平野国臣《くにおみ》もいた。鉄斎は、こういう人々と接触して人間を練ったのであるが、その中でももっとも春日潜庵の学識と貫名海屋の書画に敬服して、内々で絵を稽古するようになったらしい。

　海屋は阿波(徳島県)の人で、長崎にあそんで祖門鉄翁《そもんてつおう》を師友とし、清《しん》の画家江稼圃《こうかほ》の法を伝えて一家をなした。人物が高尚で、名利の念にうとく、その得意とする山水画はさっぱりとして、おもむきの深いものであった。若いころから書は上手だったが、大へん篤学の人で、六十二歳の時、加茂の書博士岡田家に入門して筆法の伝授を受けたという。また鉄斎が聖護院《しょうごいん》村の大田垣蓮月尼《おおたがきれんげつに》(後述)のあばら屋に寄寓していたころ、海屋がひょっこり蓮月を訪問して来て、「私も恥しながら日本人のことですから、かねて歌をよみたいと心がけていましたが、このほど三―四首よんでみました。歌になっているかいないか教えて下さい」と実意を述べて語ったので、蓮月はその志のあついのに感服したことがある。蓮月は後に鉄斎にむかって、「さすがに学者である。年をとってなお志のあついのは言うまでもなく、尼のような何も知らぬものにも教えを請うことを恥としないで相談せられたのは、他の歌よみの負惜しみのつよい人にくらべると天地のちがいがある」と語ったそうである。この日、海屋は自分の書画三枚をたずさえて来て蓮月に贈ったが、蓮月はその中の一枚を鉄斎に与え、蘭を描いた横長のものを額とし、残りの一枚を額に仕立てる料《りょう》として表具屋にやったという。これは鉄斎が晩年その筆記の中に書いていることであって、海屋の人物には、なかなか敬服していたのである。

さて当時の学者たちは、ほとんど例外なく書画のたしなみがあったものである。だから学者になることを志していた青年鉄斎が書や画の勉強をはじめたのは、ごく当り前のことである。一説によると、鉄斎は少年時代、有名な南宗《なんそう》画家山本梅《ばい》逸《いっ》の門に入って蕉逸《しょういっ》と号し、やがて裕軒《ゆうけん》と号するようになったと言うが、この説は根拠薄弱である。今日知られている限りでは、鉄斎は二十歳前に、その生家の近くの釜座《かまざ》夷川《えびすがわ》北に住んでいた窪田《くぼた》雪鷹《せつよう》という画家に絵の手ほどきを受けたのである。この雪鷹は字《あざな》を君達、名を邦、号を起元といい、嘉永五年(一八五二)版の『平

裕軒号と鉄斎号

安人物誌』にも載っているから、当時は少しは人に知られた画家であったらしいが、今日では全く忘れられた作家で、詳しい伝記は少しも分ってはいない。万延元年（一八六〇）かそれ以前に死んでいるらしい。画風は南北合派といって、南宗画と北宗画を折中《せっちゅう》する立場であるが、技術はなかなかすぐれた作家である。鉄斎がこの人についたのは少年時代のことで、今日富岡家に十九歳の時に描いた関羽《かんう》像や、また雪鷹の孔雀図を模写したものが残っている。二十五歳のころまでの彼の作風は雪鷹そっくりで、裕軒《ゆうけん》という号を用いている。鉄斎という号は今日知られてい

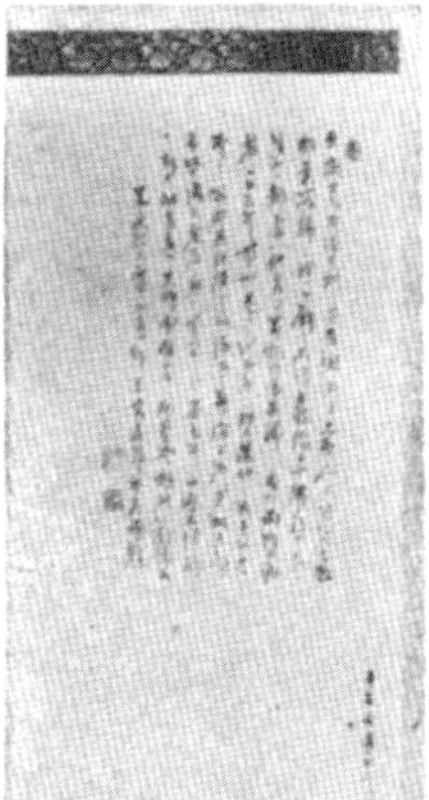

三聖図
（窪田雪鷹筆）

るかぎりでは、万延元年(一八六〇)に、はじめて使いだしたらしい。

小田海仙

鉄斎はまた小田海仙とも親しくして、その説を聞いたらしい。ことに彼が聖護院村に住んでいたころは、海仙の家はごく近くだったから、ちょいちょい訪問して教えを受けたようなこともあろう。彼の初期の作品には海仙風のものもあるのである。

宇喜田一蕙

彼はまた勤王派の大和絵画家宇喜田《うきた》一蕙《いっけい》と交わって、大和絵も勉強したらしい。このことは、彼の芸術の発展に非常な影響を及ぼしているのであって、鉄斎はまだ若いころから、普通の量見のせまい南宗画家とはちがって、南画一点ばりではなかったのである。一説によると彼はまた岡田為恭《ためちか》とも交際したというが、為恭と鉄斎は年もあまりちがわないから勿論面識ぐらいはあったであろう。為恭はなるほど幕末の大和絵画家として大へんすぐれた作家ではあるが、その性格は悪がしこく、でたらめな系図を作って冷泉為恭《れいぜいためちか》と名乗り、冷泉家からその妄《ぼう》をとがめられると、今度は朝臣《ちょうしん》の岡田家の姓をおかし、菅原為恭と称したが、これも正しい証拠があったのではない。彼はのち、幕府の密偵ではないかと疑われ、浪士によって斬殺されたが、鉄斎は、それも天のとがめであろうと後年の記録に書いているほどで、彼は為恭の人となりを嫌っていたのである。だから面識ぐらいはあったかも知れないが、為恭と親しくして、大和絵を学んだようなことはなかったと思われる。

彼の友人たちの中では、山中信天翁《しんてんおう》、板倉槐堂《かいどう》、藤本鉄石《てっせき》、村山半牧《はんぼく》など、みな絵を描いた。若いころの鉄斎は、これらの人々の影響を受けたことも明らかであって、とくにその中でも槐堂の影響は明治のはじめのころまで続いているようである。

しかし晩年の鉄斎は、しばしば、自分の絵には師承《ししょう》はないということを語っていた。なるほど窪田雪鷹《せっよう》について学んだことは事実であるが、それは手ほどきを受けた程度のことで、後はほとんど独学であったと言ってよい。

以上、幼年時代から少年時代を経て青年期にいたるまでの期間、つまり天保の末年から安政のはじめのころまでの彼の修業の様子を述べたのであるが、この間また彼は、当時有名だった大田《おおた》垣蓮月《がきれんげつ》尼を知り、その慈悲ぶかく高尚な人柄の影響を深く受けていたのであった。

三　大田垣蓮月

蓮月の経歴

蓮月は知《ち》恩院《おんいん》の広間侍《さむらい》、大田垣伴左衛門光古の子であるが、実は藤堂《とうどう》某の落胤であったとも言う。名を誠《のぶ》といった。子供のころから聡明で、和歌が上手で、書もうまく、武術のたしなみもあった。若いころは非常な美人であったが、その前半生は不幸の連続であった。最初の養子婿は不縁《ふえん》で去り、二度目の夫は若いうちに死んだ。両夫の間にもうけた一男三女も、次々に子供のうちに死んでしまった。人間の世のはかなさを思い知った彼女は、剃髪《ていはつ》して蓮月と号し、仏道修業の生涯にはいった。父の死後、蓮月はまったく孤独の身となった。そこで陶器を作ってこれを売り、そのわずかな収入で生活を支え、得意の和歌をよんでなぐさめとしていた。その歌は彼女のけだかい人柄の自ずから流露《りゅうろ》したもので、きよらかな情緒、すんなりした格調に特色があった。

やどかさぬ人のつらさをなさけにて
　おぼろ月よの花のしたぶし

という一首など、代表作として名高いものである。風流尼蓮月の名が次第に高くなると、ものずきな人々が、さかんに尼のあばら屋を訪れるようになったが、名利をいとう彼女は転々と居を移して人目をさけた。それで世間の人々は、彼女のことを〝屋《や》越屋《こしや》の蓮月はん〟とあだ名したという。尼は慈悲心にとみ、しばしば金を出して貧民を救い、また勤王の志もあつかったという。

これまでの伝えによると、鉄斎は十二歳のとき蓮月に引き取られて養われたという。油を買いにやらされ、銭を落して泣いて帰ったというような伝説もあるが、これはまったくでたらめな作り話である。鉄斎が蓮月を知ったのは鉄斎が二十歳、蓮月が六十五歳の安政二年(一八五五)のころのことであって、これには次のような因縁がある。

そのころ富岡家は、聖護院《しょうごいん》村に別宅を持っていたらしいのであるが、その家が蓮月のわび住居に近いせいで、鉄斎の父は蓮月をよく知っていたらしい。そこである時、蓮月から転居の相談を持ちかけられ、衣棚《ころものたな》の店によく中食に立ちよっていた曹洞宗の雲居山心性寺《うんござんしんしょうじ》の住職、原坦山《たんざん》に話したところ、快諾を得たので、蓮月はこの心性寺に移り住むことになった。この坦山という僧は、禅の方でも書の方でも有名で、後に長崎の皓台寺《こうだいじ》の住職になった京璨《きょうさん》禅師の弟子で、彼自身もなかなかの人傑で磊落《らいらく》な人であった。心性寺は現在廃寺になっているが、京都の東の白川村にあり、あまり高くはないが、将軍地蔵の南麓で、村から数町はなれた淋しい山寺で、その後方の山には小沢芦庵《ろあん》の墓があった。ところで、この人里はなれた山寺に、年老いた尼一人住むことに、大田垣家の当主の人が心配し、また蓮月が陶器を作るにも、粟田《あわた》から白川まで八キロもあり、土を運んだり製品を運

雲居山心性寺

んだりするのに是非手伝いのものが一人いるということになり、大田垣家の当主や坦山や鉄斎の父が相談して、若い鉄斎を蓮月と同居させることにしたのである。鉄斎はこの時はじめて蓮月を知って一緒に暮らすことになったのであるが、それは安政二年(一八五五)か、あるいは遅くとも翌三年のはじめのことであった。山寺のことなので、生活はきわめて不便であったらしい。井戸は大へん深く、つるべで水を汲むのも一苦労であったし、また雨の日には雨水が後方の山から流れこんで、こまるようなこともあったらしい。また八キロも離れた粟田の竈元《かまもと》まで、粘土《ねんど》を取りに行ったり、蓮月の作った急須《きゅうす》や茶碗《ちゃわん》などを運んで行く仕事も、なかなか骨の折れる仕事であったようだ。蓮月のこの時の歌に

世のうさもしら川山の夕ぎりに
　石きる音ぞあはれなりけれ

というのがあるが、世間の人が蓮月を訪ねて来る時は、山居《さんきょ》の不自由さを気の毒

に思って、米や薪を贈るものが多かった。のちには白川村の村民たちが、この珍しい尼のことを聞きつたえ、だんだん尋ねて来るようになったので、いや気がさし、岡崎村の満願寺《まんがんじ》の近くの柴《しば》の図子《ずし》というところのあばら屋にひっこし、のちまた聖護院村に移転した。

父の死

鉄斎の父維叙《これのぶ》は安政三年（一八五六）五月に五十三歳で死んだが、十一屋の店は兄の敬憲《たかのり》が後をついだ。鉄斎は安政五年（一八五八）二月に分家した。いくらかの財産は別けてもらったかも知れないが、これから貧乏書生としての苦しい生活がはじまったようである。それかあらぬか、蓮月がふたたび聖護院村に舞いもどって、熊野《くまの》神社の近くのあばら屋に住むようになったころにも、鉄斎はその家に寄寓していたようである。前に書いた貫名《ぬきな》海屋《かいおく》が蓮月をたずねて来たという話も、このころのことかと思われる。万延元年（一八六〇）は大へんな飢饉で、その冬には物価が高く、

蓮月の慈善

貧しい人々は非常に生活に苦しみ、餓死するものも多かった。蓮月はこれをあわ

れんで、自分の葬式の費用として預けてあった三十両の金を取りもどし、鉄斎にたのんで聖護院村の貧民に、ひそかに分け与えさせたが、その数は数百人に及んだという。鉄斎の詩文の師である羅渓慈本《らけいじほん》は、これを聞いて蓮月の慈悲をたたえる一首の詩を作ったが、この外にも蓮月が聖護院村の貧民をたすけたことは数え切れないほどで、慈悲ぶかいのは彼女の生れつきであった。鉄斎は晩年まで慈善事業にこっそり大金を寄附して、こまっている人々を助けることが、しばしばであったが、それはおそらく蓮月の感化を受け、その志をついだものであろう。

蓮月は文久三年(一八六三)ごろには西加茂の神光院《じんこういん》という寺に移転したが、鉄斎は熊野神社の近くの蓮月の旧居に住むことになった。これより蓮月は、しげしげと鉄斎に手紙を送って貧乏時代の鉄斎をはげましたり、なぐさめたり、時には肉親も及ばぬ深い愛情をこめた忠告もしている。たとえば若いころの鉄斎は大へん気が短かくて怒りっぽかったので、それを心配した蓮月は、「きのいれる御性質ぁるゆゑ、どうぞさけを少しづゝ上り、御ほやうあそばし候よう願上候。」とか、「世の中の事は、かのナチフルトカにて、どうともなり合とおぼしめして、こんのつきぬやうにきをやしなうて、御くらし被ㇾ遊候やうねがひ上参らせ候。」とか、「世渡りは川渡りと同ぜん、ふち瀬もあれば又あさせも御ざ候。御心長く御世話被ㇾ遊、御門人方もおひおひ御出来、御出世のじせつ……。」「何事も御自愛あそばし御機嫌よく御長寿あそばし、世のため人のためになることをなるべきやうにして心しづかに心長く御いであそばし候やうねがひ上参らせ候。」などと、いろいろにいましめているのである。

　蓮月のことは後にも述べる機会があるが、若くて疳癖《かんぺき》のつよい鉄斎が、彼女の慈悲ぶかい謙遜な人物に接触して、その大きな感化をうけることが出来たのは、彼にとって非常に幸運なことであった。蓮月は鉄斎の大恩人であったのである。

四　安政の大獄

鉄斎がまだ子供だったころの日本国内は、まだまだ太平の夢まどかな、のんびりした時代であったが、彼が青年期をむかえるちょうどそのころに、国際関係に急激な変化が起り、それがきっかけとなって国内には、はげしい動乱が発生するにいたった。

ペリー浦賀に現る

アメリカ合衆国の水師《すいし》提督《ていとく》ペリーが突如、浦賀湾にあらわれ、あわてふためく幕府にせまって、つよく開港を要求したのは、嘉永六年(一八五三)六月のことで、鉄斎が十八歳の時であった。林子《し》平《へい》・渡辺崋山・高野長英らの先覚者が、とうの昔に警告していたことが、今や現実となって現われたのである。鎖国太平の夢は、もろくも消え失せた。世情はようやく騒然《そうぜん》となり、鎖国の祖法をあくまでも守りぬくか、それとも世界の大勢に順応して開国するか、国内の議論は二つにわかれて沸騰《ふっとう》するようになった。ペリーが去って、やれやれと思う間もなく、ロシアの使節プーチャチンが長崎に来て通商を求めた。この間将軍家慶《いえよし》が死んで家定が、その後をついだが彼は廃人同然の暗愚な人物であった。

翌安政元年(一八五四)三月、ペリーがふたたび浦賀にあらわれ、江戸湾ふかく侵入し、大砲でおどして、とうとう神奈川条約の締結に成功した。このとき吉田松陰《しょういん》は、ひそかにアメリカの軍艦に乗って外国に行こうとくわだてたが、その計画は失敗してとらえられた。四月には皇居が火災にかかり、御所全体をはじめ、寺社二十四所、堂上十四家、町数およそ百九十町におよぶ大火となった。京都では珍らしい大火事であったから、鉄斎も胆《きも》を冷やしたことであろう。

アメリカの成功を見て、イギリスも和親条約の締結を幕府にせまったが、この年九月下旬にはロシアの船が大阪の近海に来るとのうわさがあり、畿内の人心も不安におちいった。孝明天皇は減食し、七社七寺に命じて国の安全を祈らせるという騒ぎであった。十二月には勅して諸国の寺院の鐘を鋳つぶして砲銃を作らせた。この月にはまた日露条約がむすばれた。

幕府の役人たちは、世界の大勢と国内の情勢について、かなり正確な情報を持っていたから、鎖国の祖法はとても守ることが出来ないし、開国は止むを得ないということを理解していたが、京都の朝廷は、海外の情勢については全く無知であり、国内の経済・軍備がどんなに立ちおくれているか知らなかった。これは、ながく政権からはなれ、何らの情報網を持たなかったのだから仕方のないことだった。孝明天皇は幕府の外交方針には全く不満であった。それには幕府の権勢を抑えて、朝廷の勢力を恢復しようという気持も濃厚に働いていたのであろう。水戸斉昭《なりあき》などの諸大名も、それぞれの思惑《おもわく》によって開国には反対であった。下層武士階級や郷士《ごうし》出身の志士たちは続々と京都に集って来て、その運動は次第に活潑

攘夷論の展開

になって来た。この運動は、根本的にいうと、完全に行詰りを来たした封建社会を破壊して、新しい、より自由な社会制度を作ろうとする気持のあらわれであった。彼ら自身は、そのようにはっきりした自覚を持っていなかったかも知れないが、彼らの勤王論の根底には、そのような社会的な原因があったのである。彼らの経済生活は非常に苦しく、封建制の続くかぎり、それの改善されるあてはなかったのだから、彼らの思想が革命的になって行ったのは自然である。しかも当時（安政年間）の情勢では、まだ公然と幕府の打倒を主張することは不可能であったから、彼らの思想は勤王論という陰微《いんび》な形式をとり、やがて鎖国を祖法とする幕府が、その祖法を破って開国しようとする矛盾をとらえ、開国反対の逆手に出て、攘夷論を高唱するようになったが、それは実際には幕府を攻撃する一つの戦術に外ならなかった。しかし、こういう極端な排外思想を彼らが取るようになった一因は、彼らが一般に海外の情勢に無知だったことにもあるのであろう。当時世界の大勢に精通していたものは、むしろ佐幕論か公武合体論にかたむいていたのである。

安政二年(一八五五)、江戸に大地震が起り、水戸藩の勤王家藤田東湖らが圧死《あっし》した。この年また日蘭条約が結ばれた。

安政三年(一八五六)、米国総領事ハリスが下田(静岡県)に赴任して来た。

安政四年(一八五七)、将軍家定の後つぎを誰にするかという問題で、一橋慶喜《よしのぶ》派と紀州慶福《よしとみ》派の党争が激しくなった。両派とも朝廷を動かして自派の勢力を拡大しようとした。一橋派は勤王攘夷派の朝臣や、その背後にひかえて理論的指導を行っていた民間の志士たちと結び、紀州派は佐幕派の有力公卿を味方にした。

安政五年(一八五八)、老中堀田正睦《まさよし》が諸外国と結んだ条約に勅許を得るために京都に来た。ところが朝廷では攘夷論の勢力が強く、条約勅許には飽くまで反対であった。このころ橋本左内が京都に来て、さかんに活動していた。西郷隆盛もまた江戸・京都・薩摩の間を往来して、しきりに画策していた。水戸藩の京都留守居役、鵜飼吉左衛門の運動も活潑であった。春日潜庵は主人の久我《こが》建通をたすけて勤王派の朝臣たちを結集させ、また梁川星岩・梅田雲浜・頼三樹三郎などの民間の志士とも密接に協力していた。将軍の後つぎの問題と外交問題は、たがいに錯《さく》綜《そう》し、ますます紛糾を来たした。

井伊大老

この難局を打開するため、この年四月、幕府は井伊直弼《なおすけ》をあげて大老とした。彼は一橋派と、それと連絡のある勤王派・攘夷派に大断圧を加える決心をかためていた。六月、アメリカ総領事ハリスは強硬に仮条約の調印を幕府にせまった。大老井伊は勅許を仰ぐ余裕もなく調印した。勤王派・攘夷派の人々は、大老のこの処置に憤激し、違勅の罪をもって井伊を攻撃した。梅浜のごときは逆賊とののしった。

八月、鵜飼吉左衛門らの運動が成功し、水戸藩に内詔が下された。潜庵・星岩

・雲浜・三樹三郎などの志士たちも、この内詔降下に参画したのであった。それは一応は一橋派・勤王派・攘夷派の勝利であった。

しかし大老井伊はこの間、着々と反対派を撃滅する方策を練っていた。大老の腹心である長野主膳は、京都の情勢をくわしく偵察していた。主膳の側からいえば星岩のような人物は、まさに「悪謀の問屋」であり、彼と、彼を中心にして活動していた雲浜・三樹三郎・池内大学は「反逆の四天王」に外ならなかった。

ついで井伊は、酒井忠義を所司代に任じ、老中間部詮勝《まなべあきかつ》を京都におもむかせた。間部の上洛は、承久の例をもって断圧を行うのではないかという不安を志士の間にひきおきおこした。熱血の詩人星岩は老軀をなげうって間部を切諫《せっかん》する覚悟を決めていた。幸か不幸か、彼は同年九月四日、当時はやっていたコレラにかかって突然死んでしまった。

翌五日、幕府の役人は伏見で梅田雲浜を逮捕した。その翌日、木屋町《きや》姉小路《あねやこうじ》角の頼三樹三郎の家で詩会があり、文人たちが集って雲浜の災難を語りあったが、その翌日の朝には三樹三郎も捕えられた。宇喜田一蕙《いっけい》、鵜飼吉左衛門、その子幸吉もつかまった。九月二十八日には鷹司家・一条家の家臣、その他数十人が一挙に捕縛された。春日潜庵は十二月に入って所司代に喚問せられ、いったん帰宅を許されたが、その翌日には捕えられた。京都は非常な騒動で、人心きょうきょうたるものがあった。鉄斎なども不安を感じて、詩会にもおもむかず、ひそかに嘆息して日を送ったのであった。

この時、鉄斎は二十三歳、血気さかんで謀叛気の多い年ごろではあったが、これら志士たちの運動に、それほど深入りした様子はない。これは一つには彼の耳が遠かったので、密議の席に参加できず、志士たちの運動から疎外されていたからかも知れないし、また一つには蓮月が鉄斎の身を心配して、あまり深入りしないようにいましめていたためでもあろう。しかし、いやしくも潜庵の門に学び、雲浜や三樹三郎のような危険人物と交際していた彼に、幕府の役人が一応の嫌疑もかけずにほっておいたとは思われない。必ずや多少危いこともあったであろう。伝えるところによると、彼はそうした場合、耳が遠いのを逆用して、とんちんかんな返事をして幕府の役人たちをはぐらかしたということである。

同年十二月の末、京都の町奉行所で、とらえられた人々の訊問《じんもん》が行われ、それぞれ牢屋あずかりとなり、やがて江戸に護送されることになった。雪の降るある日、宇喜田一蕙やその子の可成《よしなり》、池内大学、近藤茂右衛門らは網乗物や、とうまる籠で、はこばれて行った。鉄斎はひそかにそれを見送りに行ったのであろう。その時の光景を後年筆記帖のなかに描いている。

江戸に送られた志士たちは、いずれもむごたらしい拷問《ごうもん》にかけて責められた。そのうち梅田雪浜は安政六年(一八五九)九月、病気にかかって死に、頼三樹三郎は吉田松陰・橋本左内らとともに同年十月、小塚原《こづかっぱら》(東京都)で斬られた。宇喜田一蕙は追放となったが、同年十一月京都で病死した。春日潜庵は、あやふく助かったが、以後しばらく幕府の役人に監視され、味気ない日を送った。

安政の大獄は、一挙に鉄斎の師友の多くを奪いさった。これは彼にとっては非常に大きな打撃だったに相違ない。しかし、この間においても、山中信天翁のような彼の先輩は、星岩や雲浜と交際して国事を議していながら、名を風流に託して嫌疑を避け、悠々と身を全うすることが出来たのである。鉄斎の態度も信天翁に近いものがあった。勤王の心に燃えてはいたが、大獄の犠牲者たちのように急進的ではなく、文人の生活にかくれて、しずかに時の熟するのを待っていたのである。安政六年(一八五九)、鉄斎は越前(福井県)の方に旅に出たが、これはあるいは大獄の余波を避けるためであったかも知れない。

万延元年(一八六〇)三月、大老井伊直弼は桜田門外で浪士に暗殺された。これより幕府の勢力は、急流を下るように衰えて行ったのである。

五　長崎への旅

長崎旅行の動機

文久元年(一八六一)、鉄斎は二十六歳であった。今日で言えば大学を卒業する年配である。このころ鉄斎はすでに国学・儒学の教養は一通り身につけ、画も窪田雪鷹風のものを相当たくみに描きこなしていたのであって、将来学者として一本立ちになる基礎は出来あがっていたのであるが、知識欲のさかんな彼は、それだけでは満足せず、この年の秋、長崎に滞在して海外の事情を探ったのである。そのころ京都では、朝臣や在野の志士の間に攘夷論がさかんであったし、また鉄斎の交友関係や、その国学的な教養から考えても、彼が偏狭な排外思想に走るようなことがあっても、なんら不思議はないのであるが、事実はこれと反対に、彼の性格にはむしろ大へん開けた一面があったのであって、表面では友人たちの攘夷論に反対はしなかったかも知れないが、内心ではそれに疑問を持っていて、日本がこのまま鎖国を続けて、広い世界から孤立したままでいることが、はたして良いかどうか、というようなことを、ひそかに考えていたのであろう。そこで、この問題を解決するために、当時唯一の開港場である長崎に行って世界の大勢を知ろうとしたのである。

これは後のことであるが、鉄斎はその子謙蔵を内村鑑三《かんぞう》につけて英語を学ばせたが、キリスト教徒である内村は、天皇の写真に敬礼することを拒絶して、世間一般から国賊呼ばわりされていた。しかし鉄斎は、そんなことに頓着しない太っ腹なところがあって、悪名の高い内村に、わが子の教育を託したのである。鉄斎は国学者であり儒者ではあったが、決して偏狭でも固陋《ころう》でもなく、むしろ時勢に一歩先がけていたのである。だから青年時代、排外思想のさかんなころにも、表面ではともかく内心では、時流に盲従することなく、存外批判的だったのである。

さて、この長崎旅行を、これまでの説は安政六年(一八五九)のこととしているが、これは間違いで、安政六年には、前に書いたように越前(福井県)の方に遊んでいるのであって、長崎に行っているはずがない。くわしい考証はやめておくが、鉄斎の長崎旅行は文久元年(一八六一)であったことは、まず疑いない。

それはともかく、当時はまだ幕府の鎖国政策が続いていたので、なるべく日本の一般の士民が外国人に接触する機会のないように、きびしい制限が布かれていたから、何か適当な名義がなければ長崎に滞在する許可を得ることは出来なかった。普通の市民が長崎に行くには、幕府の許可のもとに長崎で外国の貨物を買い受け、それを上方などで売りさばく糸割符《いとわっぷ》という特定の貿易商人の家で証文をもらい、また武士ならば藩の証明を持って、それを長崎の乙名《おとな》という役のものに見せ、その上ではじめて許されるという面倒な形式をふまなければならなかった。ところで西九条の天文台の土御門《つちみかど》家では、毎年長崎に下って日本の暦と中国・西洋の暦を対照する用向があって、幕府もこれを許していたので、鉄斎は土御門家に頼んで仮にその家来となり、長崎に行くことになったのである。

蓮月の激励

この時、蓮月は次のような手紙を送って鉄斎をはげました。

御道中、御自愛専一に被レ遊度候。

こたび長崎へおはさば、から人にもいであひて、何くれのことども聞あきらめ、めでたきふでの跡をも、心のかぎりうつしとりてかへり玉へ、まちつけてうれしくまみゑ奉るべし。

もろこしの月のかつらの一本もをりもてかへれわが家づとに

いささかながら二百匹、御はながみしろにと奉るなり。

この手紙の文中に「から人にもいであひて云々《うんぬん》」とあるのは、言うまでもなく外国人に会って海外の事情を調べて来いという意味であるが、また「めでたきふでの跡」とあるのは、おそらく絵のことを指すので、蓮月は鉄斎に絵の修業を勧めているのである。というのは、このころ鉄斎は窪田雪鷹風の絵を、かなりたくみに描きこなしていたのであるが、長崎には当時中国絵画が数多く輸入されていたし、また木下逸雲・祖門鉄翁のような南画の名家も存在していたから、そのころの長崎は、絵の修業をするには適当な場所であったからである。

そのころのことであるから旅行は大へん不便で、貧乏書生のことだから馬や駕《か》籠《ご》にも乗らず、八キロもある荷物を肩に背負い、雨の日は笠や簑《みの》をかぶって終日歩行するという難儀な旅を続けて、長崎についたのは、この年の秋で、皓台寺《こうだいじ》に止宿したらしい。

そこで海外の情勢を知るために、暦法対照という名義で、出島《でじま》の阿蘭陀《おらんだ》館・唐館に出入りしたが、その際には幕府の役人が一々衣服を解き、懐中をあらため、国禁の武器や地理書の類を持っていないかどうかを調べて、はじめて外国人に接することを許し、出る時もまた同じように裸体にして検査した。時には遊女などが行っても、髪を散らして調べ、帯をといてあらためた。無論国禁を犯すようなことはないと知っていても、儀式となっていたので、こうした非人道的な、きびしい検査が行われていたのである。

長崎の人物

滞在中は暇が多かったので、鉄斎は同地の名士を訪問して歩いた。そのころの長崎の人物としては砲術家として知られていた高島秋帆《しゅうはん》、中国にもその画名のひびいていた木下逸雲《いつうん》、蘭画の名手として高名な春徳寺《しゅんとくじ》の祖門鉄翁《そもんてつおう》、篆刻《てんこく》家として有名で後に明治になってから日本の国璽《こくじ》をほった小曾根《こそね》乾堂《けんどう》など、著名な人物が少なくなかった。秋帆は当時江戸に出ていたし、また有名な南画家の三浦梧門《ごもん》はすでに死んでいたから会えなかったが、鉄翁や逸雲や乾堂には会っている。鉄翁は、田能村竹田《たのむらちくでん》の『竹田荘師《ちくでんそうし》友画《ゆうが》録《ろく》』の中にも、大そうその人物をほめて書いてあり、長崎に遊ぶ画家たちは彼を訪問することを名誉としていたほどで、その世俗的な人気はきわめて高かったのであるが、鉄斎はむしろその人物に失望したらしく、後年しばしば「鉄翁は傲岸不遜《ごうがんふそん》の俗僧であった」と人に語っている。だから、鉄斎が鉄翁に会って、その人格や芸術に深く感化されたという俗説は、まったく根拠のない作り話である。木下逸雲のことは、蔣宝齢《しょうほうれい》の『墨林今話《ぼくりんこんわ》』という本によって、海外にもその名が紹介されていて、その作品は今日から見ても、かなりすぐれたものであるが、鉄斎は逸雲の人物には、相応に感服したらしく、逸雲に呈する詩が彼の遺稿の中に見えている。小曾根乾堂は富豪であったから、長崎に遊んだ文人や画家たちの面倒をよく見ていたらしいが、鉄斎もまた彼の邸に招かれたことがあった。その宴会には逸雲も出席したが、鉄斎は晩年、その宴会の光景を時々絵に描いている。また彼は当時の海外の形勢や、日本の国策について、「諸外国は非常な決意で日本の開国を日を数えて期している。外国の圧迫は日に日に強くなる。このまま因循《いんじゅん》な鎖国政策を続けて行けば、やがて日本は世界の大勢に取りのこされ、非常な窮地に追いこまれるであろう。それよりは、むしろ我々の方から速かに開港すべきである。そしてあらゆることを一変し、すべてのことをさかんにすべきである。そうすれば日本の勢いは諸外国の案外に出るであろう。大藩の中には、この機密に通じているものがある」というような話を乾堂から聞いて非常に啓発されたのであった。そのころは、全国の志士の間に攘夷論が圧倒的に強かったのであるが、乾堂のように海外の事情に通じたものは、すでにひそかに開国論をとなえていたのである。攘夷論のさかんな京都に住みながら、攘夷論には批判的であったらしい若い鉄斎は、乾堂の説を聞いて確信をつかむことが出来たのであった。その後、慶応二年(一八六六)、綾部藩(京都府)の浪士山鹿《やまが》文三郎と会って兵庫開港論を聞いた時、鉄斎は山鹿に乾堂の開国論を紹介している。鉄斎が長崎に遊んで乾堂の開国論に啓発され、眼を世界の大勢に開くことが出来たのは彼の生涯にとって少なからぬ意義を持っていると思われる。

一方、そのころの長崎には明清《みんしん》画が数多く輸入されていた。鉄斎は乾堂や、逸雲やその他のコレクターのところで、すぐれた明清画を見る機会にめぐまれた。このことは、これまで窪田雪鷹の画風を忠実に継承していた鉄斎に少なからぬ影響を及ぼしたと考えられる。このことから鉄斎の作品は、雪鷹の画風の束縛から急速に解放されて行ったので、長崎滞在中に本格的な南画を独習しはじめたようである。

彼はまた暇にまかせて骨董屋《こっとうや》をあさって歩いた。彼が晩年まで愛用していた「鉄道人」という朱文方印《しゅぶんほういん》は、この時に手に入れたのであり、また「千人万人中一人半人知」という文をほった印もそうである。彼は、この印を見つけた時、その句が大へん面白く、またその篆法《てんぽう》がはなはだすぐれているので、おそらく清の名家がほったものであろうと考え、とぼしい旅費を割いて買ったのであるが、帰京の後、唐の名僧禅月《ぜんげつ》の詩集の中に、この句のあることを発見して非常に喜んだのであった。大正六年(一九一七)八十二歳の時、鉄斎は、ふたたび『禅月大師集』を読んで、五十余年も昔のことを思い出して、この印を手に入れた因縁を筆記の中に書いている。これらの印の外に彼はまた長崎の名勝を描いた『瓊浦勝景図《けいほ》』という中国人の銅版画集をも記念として買ったのであった。

長崎旅行の収穫

長崎に滞在すること数月、やがて彼は帰路についたが、途中九州の名所故跡を訪れ、神社仏閣に参拝して京都に帰ったのは文久元年（一八六一）の暮のことで、ちょうどその時は和宮《かずのみや》が将軍家茂《いえもち》と結婚するために江戸に下る際で、京都はなかなかの騒動であった。

鉄斎は、この長崎旅行によって、はたして何を学んだか。彼自身の晩年の記録には「何ら獲《う》るところなくして帰る」と書いてあるが、それは謙遜の言葉で、事実は必ずしもそうではなかったであろう。少なくとも彼は小曾根乾堂から開国論を聞いて大いに世界の大勢に関する認識を深めることが出来たし、また明清画の名品を見て、それまでの彼の画風を一変することが出来たのではなかったか。

六　聖護院村の私塾

文久・元治・慶応の数年間は、日本の封建制度が壊滅していく断末魔《だんまつま》の苦悶の日であった。

鉄斎が長崎から京都に帰ってきたのは、和宮《かずのみや》が将軍家茂《いえもち》に降嫁《こうか》した際であったが、この降嫁は、井伊大老が暗殺されてから日に日に衰えていく幕府の勢力を何とか維持しようと必死になっていた幕府の高級官吏たちの考えだした苦肉の策であった。それは裏から言えば、幕府がもはや自力一本で、その権威を保つことが出来ず、京都朝廷の威望を支柱として利用せざるを得なくなっていたことを意味する。この公武合体策は、しかし勤王派の怒りを呼び、文久二年(一八六二)正月、老中安藤信正が坂下門で浪士におそわれて負傷した。世間は次第にさわがしくなって来た。この年の四月、薩摩藩の島津久光が上洛する時、藩士の有馬新七らも上京して過激な行動を起こそうとしたので、久光はこれを阻止しようとして伏見寺田屋の変を生じた。八月、久光が江戸から国に帰る途中、生麦村《なまむぎ》(横浜市)事件が発生した。十一月、久光は京都守護職に任ぜられたが、間もなくこれを辞し、会津藩主松平容保《かたもり》が代った。容保は会津藩士をひきいて入京し、新撰組とともに、武力をもって勤王派に圧迫を加え、多くの志士を暗殺した。十二月、品川御殿山の英国公使館が浪士によって焼打ちされた。江戸も京都も血なまぐさい事件が相ついで起った。

朝廷は、しばしば勅使をつかわして将軍家茂の上洛をうながした。家茂は上洛すれば攘夷の断行をせまられることは火をみるよりも明らかであったから、口実をもうけて出来るだけ引きのばしていたが、文久三年(一八六三)三月、ついに上洛せざるを得ない羽目に追いこまれた。孝明天皇は家茂をひきいて賀茂《かも》神社《じんじゃ》・石清水《いわしみず》八幡宮《はちまんぐう》に行幸して攘夷のいのりをささげることになったが、家茂は病と称してこれを避けた。しかし、家茂は朝廷のさかんな攘夷論に圧倒されて、やむなく外国船打払いの期日を決定した。そこで同年五月、長州藩は下関でフランス船を砲撃し、また七月には英国艦隊が鹿児島を砲撃するという事態が発生した。朝廷の攘夷論は、ますます火の手をあげ、八月にはついに、攘夷親征のため大和に行幸するという議が決定されてしまった。攘夷派の志士藤本鉄石・松本奎堂・伴林光平《ともばやし》・吉村寅太郎らが大和(奈良県)五条に尊王討幕の旗挙げをしたのも、同月のことであるが、この計画は失敗し、彼らはほとんど戦死した。鉄石は鉄斎の先輩であり、奎堂は友人であった。この間、幕府は佐幕派の公卿を動かして朝議を一変させ、大和行幸の議は中止となったので、攘夷派の三条実美《さねとみ》らの七卿は逃走した。十月、鉄斎の友人であった平野国臣らが生野《いくの》(兵庫県)に兵を挙げたが、これも失敗に帰した。

元治元年(一八六四)三月、武田耕雲斎《こううんさい》らが筑波山(茨城県)によって兵をあげたが、これも事破れた。六月、京都の池田屋で多数の志士が幕吏に殺された。七月、佐久間象山が浪士に暗殺された。同月、攘夷論の形勢が悪いのに憤激した長州藩士が兵を発して蛤御門《はまぐりごもん》の変を生じた。八月、幕府は長州征伐の命令を下し、同月、英・仏・蘭・米の連合艦隊が下関を攻撃した。十一月、毛利敬親《たかちか》、罪を幕府に謝して降伏した。

慶応元年(一八六五)一月、長州藩士高杉晋作《しんさく》は軟弱な藩論に憤慨して兵を挙げた。四月、幕府はふたたび征長の令を下したが、この時すでに薩長の間に密約が結ばれ、薩摩藩は出兵の命令に応じなかった。十月、外国との条約に対して、ようやく勅許が下ったが、兵庫(神戸)の開港は許されなかった。

慶応二年(一八六六)六月、幕府の軍隊が長州を攻めたが連戦利を失い、七月、将軍家茂が大阪で病死した。一橋慶喜が将軍職をついだが、もはや彼の声望をもってしても頽勢《たいせい》を挽回《ばんかい》することは不可能であった。九月、勅諚《ちょくじょう》によって征長の軍をやめた。十二月、孝明天皇が崩じた。

慶応三年(一八六七)正月、明治天皇が践祚《せんそ》した。この時、薩長の連絡はますます堅く、それはやがて討幕運動に展開していった。土佐藩主山内豊信は、幕府にとって形勢が日に日に悪くなるのを見て、将軍慶喜にすすめて大政奉還を決行させた。時に十月十四日。慶長八年(一六〇三)に樹立された徳川幕府は二百七十四年にして倒れたのである。ついで十二月九日、王政復古の号令が発せられた。

慶応四年(一八六八)一月、鳥羽伏見の戦いが起り、慶喜は江戸に敗走した。二月、東征の軍が江戸に向った。三月、五箇条の御誓文が発せられた。慶喜は罪を謝して水戸に隠退し、江戸城は公収せられた。やがて江戸を改めて東京と称した。九月、明治と改元、同月には会津降り、十月奥羽鎮定し、同月はじめて東京に行幸があった。新しい時代がここに展開することとなったのである。

この幕末の数年間のはげしい変革の日に、青年鉄斎は、はたして何を考え、何をしていただろうか。少年のころから彼は多くのすぐれた師友に接触し、勤王の情熱を吹きこまれていた。何か世のため人のためになることをやらなければならぬという意識は、つねに彼の脳中から去らなかった。しかし急激な政治運動にとびこんでいくには、耳の遠いことが決定的な障礙《しょうがい》であったし、恩人の蓮月はいつも過激な行動をいましめていた。その上、彼は長崎に遊んで世界の大勢にも幾分か通じていたので、彼の友人たちの時代おくれな排外思想には賛成することが出来なかった。それやこれやで、この時代の彼の行動は、むしろ慎重で、決して暴走するようなことはなかったのである。

私塾の開設

長崎から帰って間もなく、文久二年(一八六二)の春には、梅の名所である伊賀の月《つき》瀬《がせ》に遊んだが、やがて聖護院《しょうごいん》村の熊野神社のそばにあった蓮月の旧居に住んで私塾を開き、一人前の学者として世間に立つことになった。今では、このあたりはすっかりにぎやかな町筋に変ってしまったが、そのころはまだ大根畑などがところどころにあり、人家がちらほらある程度で、閑静な郊外であった。だから、その当時、このあたりには多くの文学者や画家が住んでいた。鉄斎は晩年この附近の地図を古い記憶をたどって書き残しているが、それによると蓮月をはじめ、歌人の高畠式部・税所敦子《さいしょあつこ》、詩人の中島棕隠《そういん》、南画家の貫名《ぬきな》海屋《かいおく》・小田海仙、円山《まるやま》派の中島華陽《かよう》などの家は、みんなこのあたりにあったのであった。また鉄斎の隣家には町人出身の勤王家西川耕蔵が住んでいた。

　鉄斎が私塾を開いたのは文久二年（一八六二）のことか文久三年のことか、はっきりしない。まだ二十七－八の無名の学者だったから、多くの弟子がつくわけはなかったし、またこのころから学問を教えるかたわら絵筆をとって作品を売っていたのだが、それも彼の生活を十分に支えていくほどの需要はまだなかったであろう。だから、その生活はよほど苦しかったに相違ない。文久三年（一八六三）に書いた彼のある文章の中には、「余貧にして固《もと》より生計に拙《つたな》し」とあるが、それはありのままの事実を述べたのであろう。また同じころの詩には、当時の貧乏生活をうたったものが多いが、そのうちの一つを次に紹介しておこう。

村居即事《そんきよそくじ》

囂塵《どうじん》聴くことを厭《いと》いて村墟《そんきよ》に住む。
膝を容《い》るるの団茅《だんぼう》、俗事疎《うと》し。
菜を咬《か》み貧を忍んで百事を期す。
読書、暇《いとま》を憂えて間余《かんよ》に課す。
飛騰《ひとう》敢て慕《した》わんや揚州の鶴。
退隠須《すべ》からく甘んずべし彭沢《ほうたく》の廬《いおり》。
哂《わら》うに堪えたり先生兵鈴《へいきん》を講ずるも
窮鬼《きゆうき》の幽居に迫るを防がざるを。

そのころ彼の絵の修業は、かなり進んでいた。明《みん》の画家董其昌《とうきしよう》や徐渭《じよい》(青藤《せいとう》)などの作風を研究していたし、また大和絵も描いていたようであるが、まだまだ絵には自信はなく、自作の拙さについては何時も謙遜の意を表わしている。また、このころから篆刻《てんこく》もやっていたし、時には粘土をひねって茶器を作ったようなこともある。陶器を作る趣味は、おそらく蓮月に学んだのであろう。

当時、京都には諸藩の浪人や郷士《ごうし》たちが続々と入りこんでいた。鉄斎は、これらの人と往来して勤王のことを論じていたが、その中でも、もっとも親しく交際したのは山中静逸(信天翁)・板倉槐堂《かいどう》・江馬天江などの文人で、とくに信天翁とは深い関係があった。この人は愛知県碧海《へきかい》郡東浦村の人で、勤王の心あつく、安政のころから京都に出ていたが、鉄斎より十三歳年長で、後輩にあたる鉄斎の世話をよく見たらしく、絵で生活を立てることを彼にすすめたのは、この人であると言われている。維新後、石巻《いしのまき》県(宮城県)知事になったが、間もなくやめ、明治十八年(一八八五)死んだ。鉄斎は、その位牌を南禅寺天授庵におさめ、晩年まで供養を怠っていない。よほど徳としていたようで、この人は蓮月についで鉄斎の恩人だったのである。

文久三年(一八六三)は、すでに述べたように多事多端の年であった。鉄斎の友人であった藤本鉄石・松本奎堂《けいどう》が大和(奈良県)五条で天誅組の乱を起して戦死したのは、この年の八月である。鉄斎は、その筆記の中に鉄石の略伝を書いているが、その人柄については「人トナリ淡白ニシテ慷慨憂憤《こうがいゆうふん》ス。……平生無用長物ヲ貯ヘズ。玉堂《ぎょくどう》ノ小山水ヲ掛ケ、又古《こ》屋石《おくせき》四—五品ヲ蔵シ、筆硯塵埃《ひっけんじんあい》ニ混ズ。」と述べているから、平素からかなり親しく往来していたものらしい。しかし、彼が鉄石の人となりを慕って鉄斎と号したという説は間違いであろう。また、若いころ鉄石に私《し》淑《しゅく》して鉄石風の作品を描いたとも言われるが、事実そうしたものがあるにしても、それを特に鉄石一人の影響と見るのは当らないであろう。というのは、このころの文人画家は、鉄石にしても、信天翁にしても、槐堂にしても、半牧にしても、その画風はたがいに非常によく似通っていて、共通の時代精神を反映しているからである。

　松本奎堂は大へん威勢のよい青年であったらしい。安政年間のある年の春、鉄斎は山中静逸・藤井竹外・梁川《やながわ》紅蘭・江馬天江・松本奎堂、その他数名とともに北山の花見に出かけ、修学院《しゅがくいん》の滝を見物し、茶店で宴会を開いたことがあるが、その時紅蘭は持参の琴《こと》をひき、奎堂は「花も見たり、軍《いくさ》もしたり。」と高声で朗吟した。鉄斎は、すかさず「花は今日すでに見ることを得たが、軍はいつするのか」と聞いた。それに対して奎堂は「程なく勤王の軍の先陣をするであろう。」と笑って答え、愉快なことであったということを、鉄斎は筆記の中に書いている。奎堂も元気だったが、鉄斎も負けていなかったようである。

　この年（文久三年）十月、平野国臣が生野《いくの》銀山（兵庫県）にたてこもって乱を起したが、これも失敗に終ってとらえられ、翌年（元治元年）蛤御門の変が突発した時、京都の獄舎で幕吏に斬られた。鉄斎は伏見大国町の寺にその墓をとむらい、二首の和歌を手向けた。

なかなかにししたる人ぞいさぎよきいきてなしえし事もあらねば

あだなりとひとはいふとも山桜ちるこそ花のまことなりけれ

この歌には、正義感が強くて短気であった青年期の鉄斎の、何か焦燥《しょうそう》といったような気持がよく現われているが、その焦燥を何時もやさしくなだめたのは、前にも述べたように蓮月であり、山中静逸もまたきわめて慎重な人だったから、鉄斎のはげしい気性を常にいましめていたと思われる。

元治元年(一八六四)、鉄斎は二十九歳、ぼつぼつ弟子もつき、絵もいくらかは売れるようになって来たであろうが、まだ大したことはなかったであろう。この年には西郷隆盛が流謫《りゅうてき》を許されて上京し、勤王派の大立物として京都政治界に登場して来た。鉄斎の師である春日潜庵も、このころふたたび政治活動をはじめ、西郷らと共に国事をはかっていた。鉄斎は、おそらく潜庵か、その他の勤王派の志士を通じてであろう、何時ごろからか隆盛と交際があったようである。後年、鉄斎は西郷が相撲をとっている図を描き、これに「薩摩の西郷隆盛は南洲と号し、通称は吉之助といった。人となり身体が大きく、腕力が人なみはずれて強かった。明治中興の元勲である。常に相撲をこのみ、在京の日、暇のあるたびに堀川町の博多山の相撲場に行って、力士の陣幕《じんまく》などと相撲をとっていた。人々はその勇猛を称した。かつて私に語って、〝古《いにし》えの勇士が軍《いくさ》に臨んで果敢なのは、平素身体を鍛練し、精神をみがいた効果が大きい。自分は孟施舎《もうししゃ》の人となりを慕っているので、その真似《まね》をしているだけだ〟と言ったことがある。その豪傑の気象を察するに足るであろう。往事を追想するの余り、この相撲の図を模写して、その由来を識《しる》しておく。」というように書いている。西郷は鉄斎の絵が好きであったと伝えられているが、鉄斎は西郷の外にも岩下方平《いわしたはっ》とか、八田知紀《はったとものり》など多くの薩摩藩士と親しかったのである。

慶応元年(一八六五)には鉄斎もすでに三十歳であった。一般に早婚であったこの時代に、三十にもなってまだ独身であるのは、世間の常識にはずれたことであった。それを案じた蓮月は、「若狭の隠居様、いろいろ仰られ候事も御ざ候へども、人間道の世をわたるには、家内といふものなくてはならぬと存候也。どく身はきらくなものにはあれども、又家内ほどしん切にしてくれるものもなきことなれば、もう三十に御なり被レ成候事ゆゑ、もてば今じせつに候へば、又一応御かんがへあそばし、何事もしゆんのあるものに候。」と、ねんごろに結婚をすすめた。この手紙の中に若狭の隠居様とあるのは、若狭小浜の空印寺《くういんじ》の隠居、瑞芝《ざいし》和尚のことで、当時の傑僧であるが、鉄斎はこの僧と親しく、独身生活を続けるようにすすめられたことがあったらしい。それに対して蓮月は反対で、文字通りの老婆親切を発揮して、結婚をすすめたのである。なお、この手紙の中に「扨《さて》せ行《ぎょう》あそばし候よし、かねがねの御心入の事ゆゑ、御めでたく山々悦入参らせ候。御うん長久、よき事のたねおひおひ生《おい》いで候て、御はんじゃうあそばし、御長寿の御事と、かぎりなううれしく存上参《ぞんじあげ》らせ候。」とあり、鉄斎が慈善事業に陰徳を積むことを、わがことのように喜んでいる。そのころ鉄斎の経済生活は、まだまだ楽ではなかったにちがいないが、そうした中から慈善のために金を投じていたことは、言うまでもなく蓮月の影響であるが、当時の一般の志士たちが政治活動一すじに没頭して慈善事業などかえりみることもなかったのとくらべて、鉄斎の物の考えかたは、はるかに広く深かったのである。

この年の二月、武田耕雲斎がとらえられ、斬罪に処せられた。鉄斎は直接耕雲斎を知っていたかどうかは明らかでないが、友人の国学者矢野玄道《やのげんどう》と共に、その死を悼んでいる。明治になってから彼は福井県敦賀《つるが》に耕雲斎の墓をとむらい、一首の詩を手向けた。同年十一月、明《みん》の学者何言《かげん》の著『登壇正鵠《とうだんせいこく》』の中から「孫子約説」「呉子約説」の二篇を抜いて校刊することをはかり、その序文を書いたが、翌年の慶応二年（一八六六）七月、竹苞楼《ちくほうろう》という本屋から、『孫呉《そんご》約説《やくせつ》』という題名で出版された。これは鉄斎の自著ではないが、彼の刊行した書物としては最も早いものである。

このころから、ぼつぼつ鉄斎の名は、学者として、また文人として世間に知られかけていた。慶応三年（一八六七）に発行された『平安人物誌』の「儒家」と「詩」の部に彼の名が挙げられている。朝臣や公卿の家来の子弟などで彼の弟子になる者の数も、ようやく増えて来たし、絵もそろそろ売れ出していたから、経済的にはいくらか余裕が出

『孫呉約説』

来ていたらしい。それかあらぬか、この年二月、小田海仙の子の梅仙《ばいせん》の媒妁で、中島華陽の女の達《たつ》(多津)と結婚した。鉄斎が三十二歳で達は十九歳であった。華陽は幕末から明治初年にかけて活躍した円山派の大家で、日光東照宮の襖絵《ふすまえ》や皇居の御用画を製作したこともあり、聖護院村の鉄斎の家から程遠くない丸太《まるた》町筋に住んでいた。梅仙の家も近くにあり、そうした近所づきあいの因縁から、この縁談が結ばれたのであろう。鉄斎は生涯に非常に莫大な筆記を書きのこしているが、不思議なことに日記はあまりつけない人だった。しかし新婚当時は、やはりうれしかったのか、「応卯《おうぼう》三月日記」と題して一月ばかり日記を書いているので、そのころの彼の生活をくわしく知ることが出来る。結婚後、間もなく彼は母の絹、新妻の達を連れて西加茂の蓮月のところに挨拶に行ったが、蓮月のよろこびは大へんなものであった。新しく門人になるものもぼつぼつあり、いろんな書画屋や、越藩(新潟県)、大溝藩(滋賀県)などから半切《はんせつ》や短冊《たんざく》の依頼が相応にあり、収入はかなりあったらしいが、小品に対する越藩の謝礼が百匹であったことから見ても、当時の彼の画料は、まだまだ低かったことが分る。また当時、大雅堂《たいがどう》で小さな展観が開かれたことがあったらしいが、そうした展観にも、彼は自作を出品している。それと同時に、彼はまた竹苞楼その他の本屋から、さかんに書物を買入れているし、江馬天江や漢詩人の横山湖山など先輩・友人との交際も多かったことだから、収入にくらべて支出が多く、新婦はさぞかし、やりくりにこまったことだろうと思われる。この年の七月には、聖護院村から野川に居を移したが、門弟も次第に増えて来たので、今までの私塾では狭すぎるようになっていたのであろう。このころのものと思われる蓮月の手紙に次のようなのがある。

　御多用の御中より御細書《ごさいしよ》いただき拝見、いよいよ御そろひあそばし御機嫌よく御めで度存上《じげ》参らせ候。わたくし事もまづまづ今日まではぶじにくらし候まま御安心被レ遊被レ下候。御家もおひおひ御すみつきあそばし、おひおひ御客来御はんじやうにて御用多くさつし上《げ》参らせ候。さればこそ御家内様なくてはならぬ事とうれしく存上参らせ候。その内には御門人にも御手代をする人だんだんと出来申べく、女中御かかへのよし、めしつかひものつかひよくてよろしきものと存上候。その内御じゆくにも人多く御にぎやかになり申べく、いかによき大将にてもとかく下に人がなくてはなり不ㇾ申、ものも入、せわも多く候へども、御人のふえるのは御めで度事と存上参らせ候。ぎをんのついたての事、先日よりぎをん社中の人に承り、所がらと申し、はれがましき所御書あそばし、おうきよ先生のかぐら所のゑ名だかきにならび候事と、御うれしく山々心に悦《よろこび》居《おり》参らせ候。又かねはうちにのこらぬがよろしく、入だけ出るのがめでたきにて御ざ候。ばばなど御やくにはたち不ㇾ申候へども、みにかなひ候御用は仰被《せ》ㇾ下候。扨又板も出来候よし、何かと事多く御いそがしきことと察し上、その中にてずゐ分気をやしなひ少しづつはあそびもよろしく、山ほど用を引うけおき、一日の閑をたのしむもおもしろき事と存候。……又御別紙のあだに月日の条、先日も御文の中にちよと御ざ候て、心中にひとりゑみしてゐ申候。大丈夫のこころざしをふりたて、おくてうともかぎらぬ世界の人をぜん道にみちびき、御長寿御はんじやういのり申上候。御夫婦むつまじくして、ねがはくば両三年の内にすこやか成御男子一人もまうけ給へ。公五十余になり給はば老先生・若先生とたちならび、天下のがうけつ、とみ岡おや子にありと、上より万民にいたるまで、御とくをしたひ、子そん御はんじやう候はば、御先祖はもとより、ばばなどもこけの下にても山々悦《び》参らせ候。

この手紙で、結婚間もなくの鉄斎が、ぼつぼつ世間的に芽を吹きかけている様子がよく分るし、また蓮月がいかにそれを喜んでいたかも分るのであるが、当時京都には将軍慶喜をはじめ諸藩の大名が集って来ていた。そういう大名の間にも鉄斎の名は、ようやく知られるようになったらしく、池田侯に侍読か何かとして招聘《しょうへい》されたが、それを断ったようなこともあり、また山内侯に招かれて御前揮毫《きごう》をやったこともあった。そうしたことを鉄斎は逐一《ちくいつ》蓮月に知らせていたらしく、蓮月はまた鉄斎の名が世間に高くなっていく有様を見て喜んでいたことは、彼女の他の手紙によって明らかである。

このころ京都の政治情勢は日に日に緊迫し、薩長の討幕運動は着々と進められ、幕府の命脈はまさに絶えようとしていた。十月十四日、将軍慶喜《よしのぶ》はついに大政奉還を決行したが、その翌日鉄斎は板倉槐堂の主唱で東山の翠紅館《すいこうかん》で開かれた詩会に出席した。名義は紅葉見物であったが、実は勤王派の文人たちの秘密会議で、槐堂をはじめ、横山湖山《こざん》・神山鳳陽《ほうよう》・江馬天江《てんこう》・頼支峰《らいしほう》・岩谷迂堂《いわやうどう》、それに鉄斎などが集ったのである。聯句《れんく》がすむと湖山から、「昨日、天朝へ将軍以下一列に朝参《ちょうさん》した。大政返上の義である。その中にも色々の議論があったが、大略天朝聞

鉄荘茶譜

き済みにて猶召の藩に議論するために赴いた」と情勢報告があり、機密の相談をして深更に散会した。

幕府はついに仆《たお》れ、変革の日がやって来た。待ち望んだこの日を迎えて、鉄斎の感慨はひとしお深いものがあったであろう。ことに彼の先輩・友人の多くは、勤王討幕の運動を推進し、その途中で犠牲となったのだから、なおさらのことである。この年十一月、鉄斎は『鉄荘《てっそう》茶譜《きふ》』を竹苞楼《ちくほうろう》から出版した。これは「宜《ぎ》興甆《こうじ》壺譜《こふ》」と「文房清約図《ぶんぼうせいやくず》」と「桑苧遺韻《そうちょいいん》」の三部から成立っているが、「宜興甆壺譜」は周高起《しゅうこうき》の「陽羨茗壺《ようせんめいと》系《けい》」を和訳し、同書に洩れているものを、諸書からあつめて

『鉄荘茶譜』甆壺之部表紙

編纂し、挿図を加えたもの、また「文房清約図」は明人文震亨《ぶんしんこう》の「清斎位置《せいさいいち》」に註釈したものであり、「桑苧遺韻」は中国の茶会の形式を説明し、それに二―三泥《でい》壺《こ》の名手の略伝を添えたものである。鉄斎は趣味の広い人であったが、形式化した利休《りきゅう》の茶道は、ぜいたくなものとして排斥し、煎茶の方を好んでいたので、こうした著述もあるのだが、当時、王政復古の大号令が下ろうとしているあわただしい時節に、このような趣味的な書物を出版するなどは、一面から言えば、のんきな話であるが、そうした政治界の大変動をよそに、悠然《ゆうぜん》と詩文・書画をもてあそんでいた

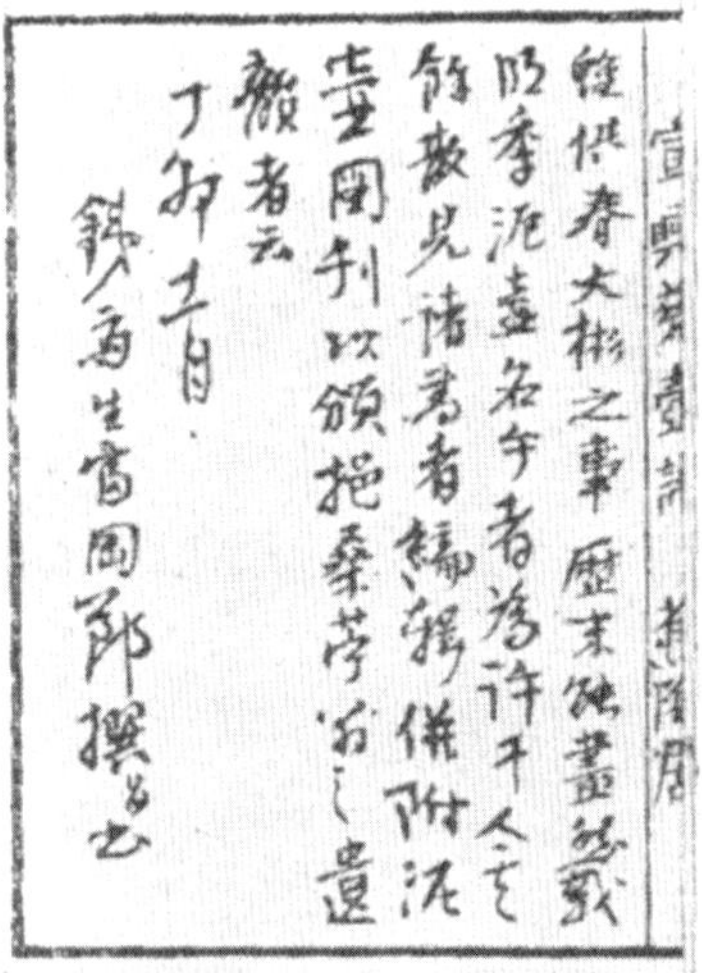

『鉄荘茶譜』序文

『鉄荘茶譜』挿図

彼の面魂《つらだましい》は相当なものである。

明けて慶応四年（明治元年・一八六八）、この年も鳥羽・伏見の戦争をはじめ、次々に大事件が起って、あわただしい世情を呈したが、鉄斎は依然として私塾を経営し、かたわら書画を描いていたのであろう。この年八月、

女子生る

妻の達が女の子を生んだ。秋と名づけたが、はじめての子供だから、鉄斎もうれしかったであろう。十月、中井竹山《ちくざん》の『草茅危言《そうぼうきげん》』を校訂して出版した。十一月、大阪から紀州（和歌山県）方面に遊び、那智《なち》の滝を見て、およそ一月半で京都に帰った。鉄斎は非常に旅行のすきな人だったから、幕末のころにも相当あちこちと歩いて

いるかも知れないが、記録が残っていないのではっきりしない。明治になって世情が安定すると、北は北海道、南は九州のはてまで歩きまわったが、この時の紀州旅行は彼の旅行癖の口火を切ったようなものである。しかし彼の旅行は、一般の画家のように地方の豪家をまわって画を売って歩くとか、あるいはよい景色をたずねて写生するというようなことを目的とするものではなかった。勿論そうしたこともあるにはあるが、彼の本当の目的は歴史や地理の研究にあった。南朝の遺跡の踏査には、ことに熱心であったが、また各地の義人・孝子などの事跡を調べたり、その土地が開拓に適しているかどうか調査することが、彼の主要な関心事であったのだ。万巻の書を読み、万里の道を行くことを彼は理想とし、その理想の実現に生涯骨を折った。彼の旅行は漫然とした遊歴ではなく、彼の学問生活の延長に外ならなかったのである。

七　維新の日

紀州の旅から帰って間もなく、明治二年(一八六九)三月、鉄斎は御幸町《ごこうまち》姉小路《あねやこうじ》上ルに転居したが、ちょうどその時、明治天皇がふたたび東京に行幸することになった。この時から東京は永く帝都になるようになったのだが、鉄斎は、どういう資格であったか、この行幸に供奉《ぐぶ》して、はじめて東京に来て神田小川町の宿屋にしばらく滞在していた。ところが、その留守中、妻の達が病気になり、おさない秋をのこして三月二十四日に死んでしまった。わずか二十一歳であった。この不幸を飛脚便《ひきやくびん》で知った鉄斎は、いそいで東京をたったが、京都に帰りついたのは四月十四日である。なにしろ汽車もない時代だから、東京と京都の間を十三日もかかっている。帰りついて見ると葬式はとうに済んでいたが、門弟たちが鉄斎の素意を祭して土葬にしていたので、不幸中の吉策として、わずかに自分をなぐさめた。富岡家の宗旨は浄土宗で、寺町四条下ルの大雲院を菩提寺《ぼだいじ》としているから、先祖代々火葬を行って来たのであるが、鉄斎は神道家であり儒者であるから、火葬は「元来王法《おうほう》・儒道《じゆどう》ニ非ズ」と考え、かねてから土葬にしようと考えていたのであった。

鉄斎は気性の強い人だったが、愛妻と早く死に別れたことは、さすがに悲しく感じたことであろう。こういう経験があるので、後年まで鉄斎は、妻と死に別れた学者や芸術家に深い同情を示した。ことに生後八ヶ月の娘を残されたのであるから、さすがの鉄斎も途方に暮れたであろうが、鉄斎の兄のところにいる母の絹が引き取って養うことになった。四月二十四日の初月忌の法要に、鉄斎は竹苞楼《ちくほうろう》・五車楼《ごしやろう》・鳩居堂《きゆうきよどう》などの主人や有名な彫刻家堀田瑞松《ずいしよう》などを招いて亡妻の冥福《めいふく》を祈った。「当時物価ハ高値、古今比類ナシト世ニ罵《ののし》ル。余、苦心、諸人ヲ接対スルニ厚キヲ欲シ、勉強スル也。諸人、余之素意ノ篤厚《とくこう》ヲ称スルト云。」と彼は書いている。

こんなごたごたの最中に、彼の学術的著作として重要な意味のある『称呼私弁《しょうこしべん》』が出版された。これは元来、彼の私塾における講義の草案のようなもので、当時彼がどのようなことを教え、どんなことを考えていたかを知ることが出来るので大切な資料である。この書の目的は、その序文に、「称謂名分は文筆業者がもっとも意を用いなければならぬもので、もし書法をつつしまなければ濫称妄呼《らんしょうもうこ》、あるいは僭擬《せんぎ》にわたることがあろう。そうすれば人を誤るの弊害は決して浅くはないであろう。今、一―二先輩の説を抜きとって冊子を作ったが、わが党の人、よろしくえらびとるべきである」という意味のことを書いているので明らかなように、尾藤《びとう》二洲・菱川大観・猪飼《いがい》敬所らの諸学者の後をついで、称呼のみだれを正すことを意図したものであり、和漢古今の文献をひろくあつめて諸学者の説をかかげ、まま自説をもって、これを批判している。たとえば大君という言葉は、今日では天皇を指すことにきまっているが、徳川時代の儒者はしばしば将軍を大君と称していたので、鉄斎は、「先儒往々将軍を指して大君と云っている。多く国史に載っている。竹山《ちくざん》の『逸史』にも見えている。みな誤りであろう。ひとり頼山陽の『日本外史』だけは将軍と書いているが、これが当っている。大君は邦訓はオホキミであって天子を称し奉る。決して他に用いてはいけない」と書き、中村蘭林が『左伝《さでん》』や『晋書《しんしょ》』を引いて、大君というのは、みな人君を指すので、天子だけではないと主張しているのに対し、「百錬曰ク、コレ異邦ノ称ニシテ我邦ノ事態ニハ用イガタシ。古来、和歌者流ノ大君、ミナ天子ヲ称スルナリ。」と批判している。鉄斎の立場は、一般の儒者が中国の称呼をそのまま日本に適用する弊風を正そうとしたもので、その点、猪飼敬所ともっとも相近いものがあった。彼は敬所の著『操觚《そうこ》正名《せいめい》』の原稿を持っていたのであった。

日柳燕石《くさなぎえんせき》の『山陽詩註』を増校して出版したのも、やはり明治二年(一八六九)のことであるが、この年から翌年にかけて彼は『照顔居《しょうがんきょ》叢書』というものを計画し、『先哲遺事《せんてついじ》』『水城軼事《すいじょういつじ》』『抑仏専神論《よくぶつせんしんろん》』『尽忠録《じんちゅうろく》』『蓮月老人《れんげつろうじん》和歌《わか》漫録《まんろく》』など、多くの原稿を作ったが、いずれも刊行されずに終った。もっとも、この中で鉄斎の自著は『先哲遺事』だけであって、他はみな他人の著述である。『先哲遺事』は、熊沢蕃山《ばんざん》・蒲生《がもう》君平《くんぺい》・林子《し》平《へい》・高山彦九郎の略伝を書いたもので、鉄斎は平素からこの四人を非常に尊敬していたのである。明治七年(一八七四)北遊した際には、東京谷中《やなか》臨江寺《りんこうじ》の蒲生君平の墓、仙台竜雲院《りょううんいん》の林子平の

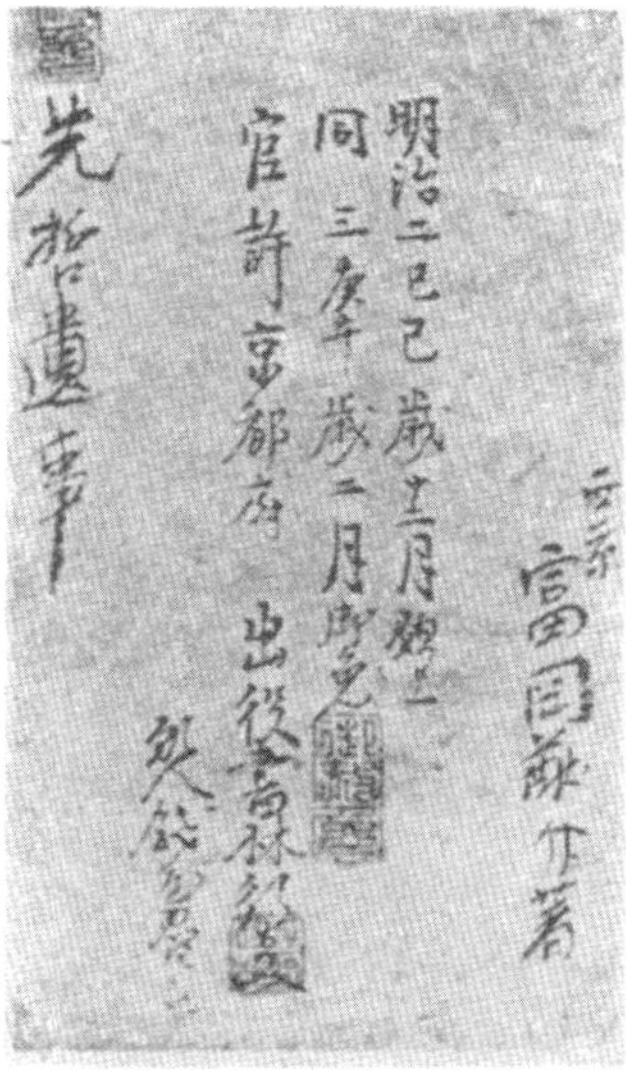

『先 哲 遺 事』

墓、茨城県大堤村鮭延寺《けいえんじ》の熊沢蕃山の墓をとむらい、「余此ノ東行ニ林子平・蒲生君平・熊沢了介《りょうかい》三哲ノ霊魂ヲ弔ス。蓋《けだ》シ古人ヲ尚友《しょうゆう》ノ情ナリ。而シテ我一事ノ為ス所ナシ。コレ愧ズベキナリ。」と旅行記に書いたし、また明治二十二年（一八八九）には宇津宮の蒲生家を訪れて君平の肖像を模写し、「余曾ツテ小少ヨリ先生ヲ敬慕シ、先生ノ遺書ヲ誦読スルコト久シ。欽服《きんぷく》ノ念、尤モ厚シ。仍ツテ此ノ家ナラビニ東京谷中臨江寺ノ墓所ヲ弔スル所以ナリ。」と書いている。その人が平素どんな人物を崇拝しているかによって、その人の人物を知ることが出来るとすれば、蕃山・子平・君平・彦九郎などを尊敬していた鉄斎の人柄も、自ずと分るというものである。

このころ、維新の三傑の一人である木戸孝允《たかよし》が京都に滞在していた。木戸は維新の政治家としては教養のある人で、文人画を非常に愛好していたが、誰かから鉄斎のうわさを聞いたのであろう、彼の書画を求めて来た。その謝礼金は五円で

立命館

あったが、当時としてはなかなかの大金であって、一般的にいえば当時の鉄斎の作品の市価は、まだまだ低かったであろう。当時また西園寺《さいおんじ》公望《きんもち》が立命館《りつめいかん》という学校を開いた。これは公望が軍を率いて北越に出征した功を賞して朝廷から二百五十石を賜わったのを投じて、漢学をさかんにする目的で開校したもので、今日の立命館大学の前身となったものである。鉄斎は板倉槐堂・江馬天江・神山鳳陽・山本錫夫《すずお》・松本竜などの諸学者とともに、この学校の教員に招聘された。この学校はしかしあまり永続きせず、数月を経て官命によって廃止した。公望は、そのころ、竹軒と号し、洒々落々《しゃしゃらくらく》たる貴公子であったが、ある日鉄斎の自宅を訪問して太刀・馬の目録を贈った。またその邸宅に鉄斎を招聘したこともあった。公望は、やがて東京に移り、フランスに行ったので、鉄斎との関係は途切れたが、鉄斎の晩年にまた親交を結ぶようになった。

　このころ、彼はまた当時京都府の役人だった岩下方平と親しくし、神社復古論を草して岩下に示したようなこともあった。中古以来、神仏習合《しんぶつしゆうごう》思想の影響のもとに、神社は大てい寺院と合併されていたが、これは国体神道を奉ずる鉄斎にとっては不合理なことと思われたので、神社と寺院を厳密に区別し、神社を古《いにし》えのすがたにかえそうというわけだったのである。もっとも、この思想は本居・平田の流れを汲む神道家には共通のもので、維新政府の基本的政策もこの線に沿い、廃仏毀釈《はいぶつきしやく》の運動が活潑に展開されるに至ったのである。

北海道の探険家として、また同地の開拓の功労者として有名な松浦武四郎との交際も、このころすでに親密なものがあった。鉄斎が開拓事業に興味を持ち、のちはるばる北海道まで出かけるようになったのも、松浦の影響であったと思われる。

また、この年(明治二年)の八月、彼は金剛山《こんごうざん》に登り、千早《ちはや》城はじめ楠公の旧蹟を踏査して地図を作った。最愛の妻を失ってから、まだ半年もたっていなかったが、彼はその悲しみに負けるような人ではなかった。飽くことを知らぬ探求心に駆られて、彼はつねに万巻の古書を渉猟《しょうりょう》し、また千里の道を遠しとせず実地を踏査したのであった。明治四年(一八七一)五月には、和歌山県の大台《おおだい》ヶ原《はら》山に登って、その地が開拓に適しているかどうかを調べた。かねて野呂介石の大台山の調査記を読んで関心があったからである。

この間、彼は後妻を迎えたが、この女は鉄斎の母と仲が悪く離縁になった。友人たちは心配して、さらに後添えを世話しようとしたが、最初の妻とは死に別れ、二度目の妻は離婚し、三度目の結婚というのは世間態もわるく、鉄斎もしばらくはためらっていた。

八　第三の結婚

春子との結婚

明治五年(一八七二)一月、敦賀《つるが》(福井県)に旅行して武田耕雲斎の墓をとむらい、三月岡山県院庄に遊ぶ。この旅行から帰って間もなく、彼は佐々木春子と結婚することになった。鉄斎の古い友人である野呂《のろ》直貞は、かねてから心配して心あたりをさがしていたのであるが、知合いの春子が彼の後添えとして、もっともふさわしいのではないかと考えて、鉄斎が岡山県に野呂と同行した頃、彼に推薦したのである。春子は伊予(愛媛県)大洲藩の家柄の佐々木禎三《ていぞう》の娘で、人柄はしっかりしており、ことのほか学問がすきで、また薙刀《なぎなた》のゆるしを取っていたが、田舎で老いくちるのがいやで、同郷の国学者矢野玄道《げんどう》をたよって京都にのぼり、文章《もんじょう》博士の五条家に奥女中として奉公していた。野呂から春子のことを聞いた鉄斎は乗気になった。

そこで野呂は、その家来筋の某に命じて、鉄斎と春子を見合させることにしたが、某は春子が結婚の話にあまり興味がないことを知っていたので、その学問ずきなところにつけこんで、学問の師匠を紹介してやるという口実で、春子を鉄斎のところに連れて来た。えらい学者だというので春子は緊張してやって来たが、殺風景なあばら屋の中に、やせこけた貧相な中年の男が、女物の袷《あわせ》を着て、うろうろしていたので、何という家かと驚きあきれた。鉄斎は、二度目の妻と別れてからのやもめぐらしで、世話する人もないままに、そんな恰好《かっこう》をしていたのであった。

その上、話しあってみると、話がちぐはぐなので、鉄斎も春子も変な顔をした。それを見て仲人の某が笑いだし、実はこれこれだと打明けた。この見合で鉄斎は春子が大へん気に入り、是非話をまとめてほしいということになったが、春子の方は非常に不満であった。後年彼女は孫の冬野などに、当時のことを追想して、

「それはそれはみすぼらしい人で、いくら学者でも、この人の家内になるのかと

思うと実に情なかった」と語っているが、これには仲人もてこずって、責任をとって切腹するとおどしたりもした。それやこれやで春子も気が折れて、鉄斎が友人の辻醇一郎(義斎)に送った手紙によると、春子が突然鉄斎を訪れて来て、「妾、終身先生《しゅうしんせんせい》ニ寄託《きたく》致度候」と申し出たので、鉄斎は「是ハ妙也」と即座に一決し、仲人や親友を呼びあつめて即刻酒宴を開き、一日の間にかたづいてしまったという。時に鉄斎は三十七歳で、春子は二十六歳であった。「是ハ天命ニテ姻縁《いんえん》ある所如ㇾ此」と鉄斎は感じたが、また春子について、「総而《そうじて》意表之瀟洒《しょうしゃ》タルコト尤《もっとも》妙也」と書いている。この素早い結婚には、話の口火を切った野呂も、さすがに驚いたし、喜びもした。それに対して鉄斎は、「春之事ニ付、御満悦之義、寔《まこと》ニ私家母子、皆和楽、且ツ一見否ヤ夫妻トナル共、機会神妙、天命之所《なすところ》ㇾ為、老盟《ろうめい》台《たい》之御高論誠ニ然リ。春モ大ニ慶《よろこび》、昼ハ相働《はたらき》、夜ハ読書、且ツ近隣大ニ感賞スル声聞ユ。僕老盟台ノ鑑定ノ妙ヲ敬服々々。」という手紙を送っている。

春子は身体が丈夫で働き者であったから鉄斎の気に入り、また鉄斎の母とも折合がよかったので、鉄斎もようやく身がかたまり安心した。貧乏時代から晩年まで春子は鉄斎によく仕えたが、ただ生れつきひどいヒステリーで、これには鉄斎も晩年までなやまされたということである。

ちょうどそのころ、大宮御所・静寛院宮《せいかんいんのみや》・敏宮が東京に行くので、鉄斎の先輩・友人の文人たちが供奉《ぐぶ》することになり、鉄斎にも東京行をすすめたが、一方明治天皇が鹿児島県に行幸するので友人の岩下方平も供奉することになっていた。鉄斎は春子という留守番が出来たので、どちらかに供奉しようと奔走にかかった。辻醇一郎《じゅんいちろう》あての手紙に、「誠《まことに》変革《へんかく》之時節ニ付、速《すみやか》ニ不レ運《はこばざれ》バ皆々画餅《がへい》ト成」と書いているが、このころ鉄斎の先輩・友人は多く維新政府に仕えて志をのばしていたので、鉄斎も何となく焦燥を感じていたらしい。神道家である鉄斎は、かねてから、どこかの神官になって、神社の復興に力をつくしたいと考えていたのだが、その希望はなかなか実現されなかった。

結婚後まだ三月とたたないこの年の五月、鉄斎は友人の岩下方平の周旋で、鹿児島行幸に供奉することになった。船が出るのを待って、しばらく大阪に滞在していた時、鉄斎はしばしば春子に手紙を書いたが、その一つに

一昨日、昨日、わかれおくりとて岩下氏もおどりをいたされ、にぎやかなこと也。さて、かく日がのびるなら、そもじも一寸大坂えくるとよゐと存、また外人もそもじにくるとよゐとすゝめおり候。しかし、かをを見ると、わかれにこまる也。みぬがよしとわらひやむ。岩下さまのおかへりは、ちとおそきやうに見へ候え共、拙者早くかへり申度候。留守中、身もち大事、火の用心、まんじ願入候。外の事は手をつけるには及ばず。身のしゆぎやう、けい古大事々々。何分拙者の安心はそもじあると存候。拙者も、とかく、ゑん方えゆくくせやまねど、これ丈夫の心にて、いさゝかもおくれをとらぬつと

めと、さつしらるゝべし。一足にてもふみだすと、かれこれいんじゆんもいたしがたく、すゝんでゆくべし。何もせよ心はげまでは世にありて何かせん。そもじも心つよくおもわれよ。そのうちにかへり万々申べく、今日一寸思ふまゝ、もうし入候。明日は拙父君の日なれば、つゝしみてあるべき也。

とある。新妻へのやさしい思いやりの心がよく現われているが、同時に愛情におぼれぬ強い気持も、はっきり出ている。文中、岩下さまとあるのは勿論岩下方平で、彼は鉄斎の旅行癖をからかって雲介《くもすけ》先生とあだ名をつけ、非常に鉄斎をかわいがっていたのである。

同月二十六日、鉄斎は汽船三邦丸に乗って大阪から海路、鹿児島に向った。同船者には島津英之進、島津又吉、それに岩下があった。三邦丸は瀬戸内海・日向灘を通って五月三十日、鹿児島についた。しばらく同地に滞在したのち、鉄斎は六月、海路梶木(鹿児島県)に行き、国分《こくぶ》八幡宮に参拝し、高千穂峰に登って天逆鉾《あまのさかほこ》を写生して下山、鹿児島に帰った。それから先の旅行は、明らかでないが、帰途にはやはり、鹿児島から汽船によって神戸に直行して、七月の末に帰京したのであった。

十月ごろ、鉄斎は上京区新三本木南町《しんさんぼんぎ》にある頼山陽の旧居「山紫水明処《さんしすいめいしょ》」に移転した。この家は加茂川の流れにのぞみ、比叡《ひえい》山や東山連峰の眺めも素晴しく、竹田《ちくでん》もかつて京師《けいし》山水勝概《しょうがい》第一とほめている。鉄斎はかねて山陽を尊敬し、「山陽詩註」を出版した因縁もあるので、その旧居に住むようになったことを大へん喜んだ。当時この家は安藤精軒《せいけん》という医師が所有していたが、鉄斎はこれを安藤から借りて足掛け三年住むことになったのである。のち彼の周旋で、この家は、ふたたび頼家のものになったという。

九　湊川神社事件

明治六年二月、妻の春子が男の子を生んだ。初老《しょろう》にちかい鉄斎は、はじめて後つぎの男子を得て心から喜んだ。謙蔵と名づけた。謙蔵は長じてから京都帝大文科大学の講師となり、東洋史を講義し、漢鏡の年代決定に不朽の功績を残したが、西加茂の蓮月はその誕生をよろこんで「御安産、ことに御男子様のよし、おちゝも出候よし、何かもけつかうよろしく、いく久しく御めでたく山々うれしく安心いたし参らせ候。天が下の大人・けん女の御中の御子ゆゑ、日本一の人物になりいで玉ふべしと、末たのもしく、うれしきことたぐひなく、日々天ををがみ、御成人御はんじやうのみいのり参らせ候。」と祝いの手紙を春子に送り、また十三歳の時に死に別れた母の遺品として大切に保存していた着物の切れでこしらえた背中あてを謙蔵に贈った。また春子が謙蔵を連れて蓮月のところへ行くと、おさない謙蔵を膝にだいてあやしながら、「お父さんは先生、あんたも大先生におなりやすや」と言い聞かせるのが常であった。

地誌献納

このころ太政院《だじょういん》では日本の地誌を編輯する計画があり、それに関係のある書籍や地図の類を、あまねく採集していたので、鉄斎はこの年三月、竹苞楼《ちくほうろう》の主人佐々木惣四郎とはかって、遊歴中に作った地理の絵図やその他の書籍を献納した。のち太政院は、その賞として鉄斎と佐々木に三十円を下賜した。

湊川神社

また、このころ神戸に湊川《みなとがわ》神社が建てられ、楠木正成の霊を祭ることになった。かねてから鉄斎の人がらを知っていた兵庫県令神田孝平は、この年四月、彼を湊川神社の宮司に推薦した。五月、鉄斎は北遊の目的で東京に滞在していたが、留守宅から京都府庁に出頭せよとの命令書が転送されて来たので、木曾街道を経て京都に帰った。鉄斎が湊川神社の宮司になるというので、蓮月もその出世を大へん喜んだ。六月二十三日、京都府庁に出頭すると、「教部省へ出仕申付候事」という命令書を授けられ、ついで「湊川神社権禰宜《ごんねぎ》に任じ、かねて訓導《くんどう》に補す」という辞令を与えられた。宮司と権禰宜とでは大へんなちがいなので鉄斎は話がちがうと思ったが、一応は赴任の途につき、しばらく大阪に滞在し、七月四日神田県令に会って辞退したいと話した。神田も「是ハ案外下等之事ニ付、早々御辞退可レ有。遺憾之事。」と答えたので、鉄斎は即日、病気を理由に京都に帰って辞表を出した。これは折田年秀が同社の宮司に、郡山無隠が権宮司に任ぜられたためで、折田は旧薩摩藩士で奇人の名があり、食わせ者だという評判もあった人物である。この事件は鉄斎にとって非常に不愉快なことだったらしく、翌年東京で教部少輔黒田清綱に会って厳重に談じこんでいるし、またこの件について長い記録を書きのこしている。鉄斎は若いころは非常に疳癖《かんぺき》が強かったから、この時はさぞかし腹を立てたことだろうと思われる。

この年十月、彼は教部大輔宍戸璣《ししどたまき》・教部少輔黒田清綱にあてて、教導職の人選をきびしくせよという趣旨の建白書を提出した。教導職というのは維新政府が国民の思想を統一するために設けた職名で、多く神官・僧侶をこれに補した。三条の教憲といって、敬神愛国の旨を体すべきこと、天理人道を明らかにすべきこと、天皇を奉戴し朝旨を遵守《じゅんしゅ》すべきことを、くりかえし平易に説いて、一般国民に説教させた。この制度は明治五年(一八七二)四月に公布され、八月にはすべての神官が教導職に兼補されることになった。ところが、こうした機械的なやりかたでは、どんなに無能・低劣な者でも、神官でありさえすれば教導職になり得るのだから、教導職本来の任務からいえば随分弊害もありうるわけである。そこで鉄斎は、そうした機械的なやりかたに反対し、教導職には、あくまで人格のすぐれた人間をえらばねばならぬと主張したのである。この建白書は鉄斎一流の難解な文章であるので、その全文を紹介することはやめておくが、その中には彼が野之口隆正に学んだ本居・平田流の国体神道の思想が、はっきりと現われている。たとえば「方《ほう》今《こん》、海内《かいだい》交際盛ニナリ、宇内《うだい》之曠々《こうこう》タルニ国教ノ無キハ無シ。我神州、固《もと》ヨリ国体自然ノ教アリ。宇内ニ卓絶タリ。」というくだり、「今、我神州ノ教ハ、国土固有ニシテ人身固有ス。」というくだり、「幸イ我神州之猶国教ヲ固有ス。若夫《もしそれ》、外邦人ヲ動ス邪説、駸々《しんしん》迫ル時キハ国教ヲ如何セン。」というくだりなどを読めば、そのことは容易に理解されるであろう。

　鉄斎は、いくらか建白狂といったようなところがあったらしく、この後も当局者に色々と建白したことがあったらしい。今、富岡家に保存されている記録の中に「皇学鄙《こうがくひ》見《けん》、神威《しんい》振起《しんき》策《さく》」と題した鉄斎の原稿があるが、これはいくらか後のものらしいけれど、やはり彼が当路の人に提出した建白書の草稿であるらしい。その要をつまんでいうと、「神道、皇学の不振は、神官が迂遠《うえん》の学問に熱中して、敬神の実践を欠くがためである。彼らは自分の仕えている神社の神威は、生活の手段として喋々《ちょうちょう》と説いているが、近所に由緒の古い神社があっても礼拝することさえしない。また山城葛野《やましろかどの》郡太秦《うずまさ》村木島に鎮座する天照御魂《あまてらすみたま》神社は、むかしは『延喜《えんぎ》式《しき》』に名の出ている官幣大社であったが、今日みじめな状態にあり、同所の酒解《さかとけ》神社は数年を出《い》でずして朽ち仆《たお》れるであろう。このような神社は無数にある。しかも無数の神官、みな知らん顔である。口で皇学振起をいくら説いても、実践がないから駄目だ。国典振起の方法は、神官各自が奮発し、神社を巡回し、その保護策を講じ、またおたがいに親睦し、至誠の敬礼を神に致す外にはない。」と論じている。鉄斎は後に神官となって、おとろえた神社の復興に献身的な努力を捧げたのだが、それはここに説いたことを実践上に具体化したのに外ならなかった。

さて、この年の暮に彼は松山に遊んだが、翌七年(一八七四)の春には、岐阜県に行き、また徳島に旅行した。行動的な鉄斎は、家に閉じこもって本ばかり読んでいることは出来ないで、このように始終旅に出ていたのだ。これらの旅行は比較的日数も短く、小規模なものであったが、この年の六月から十月にかけて、かねて志していた北海道の旅を実行することとなった。そのころの北海道は、維新後日もまだ浅いこととて、開拓も進まず、ほとんど未開地のおもむきがあった。鉄斎は以前から友人の松浦武四郎に北海道行をすすめられていて、いくたびかそれを計画したが、機運が熟せず、この時まで延引していたのである。彼は、ちょっと蛮地を探険に行くような気持であったらしい、次のような詩をよんでいる。

北門の鎖鑰《さやく》、近ごろ如何。
独り杞憂《きゆう》を抱く、誰に向ってか説かん。
試みんと欲す、千洲開拓の策。
単身孤剣、蝦夷に入る。

六月二十日京都を出発した彼は、翌日大阪から汽船に乗り、二十五日東京に着いて、七月十三日まで滞在した。この間に黒田清綱・松浦武四郎・伊藤如石・鷲《わし》津毅堂《ずきどう》・鈴木真年などに会い、また谷中臨江寺に蒲生君平の墓をとむらった。また暇を見てしきりに絵を描いているが、当時は文人画が非常に流行《はや》っていたので、東京でも彼の作品は売れたのであろう。やがて赤竜丸に乗って出帆、寒風沢《かんぷうざわ》(宮城県)に着き、松島や塩釜の名勝を探った。そのころの松島は見物人もろくろくなく、さびれはてていたらしい。七月二十三日にやっと函館《はこだて》に着いた。五稜郭《ごりょうかく》の古戦場を視察した上、二十七日函館を出発、室蘭《むろらん》・幌別《ほろべつ》・白老《しらおい》・苫細《とまこまい》をへて、八月一日札幌《さっぽろ》に入った。そのころの札幌は開拓地の中心とはいっても、家数わずか八百、非常にさびしい土地であった。ここに数日滞在した上、石狩・小樽・余市《よいち》・磯谷《いそや》を経て、雷電越の険を越え、岩内《いわない》・歌棄《うたすつ》を通り十六日函館に帰った。当時の北海道は、やっと開拓がぼつぼつ始まったばかりで、道路は悪く、馬か徒歩で行く外はなく、宿屋も粗末で、なかなか難儀な旅であった。そのかわり、アイヌ人の原始的生活は、まだ昔のままだったから、これは大いに鉄斎の好奇心を満足させた。鉄斎は後年まで、しばしばアイヌの熊祭りや日常生活の習慣を絵に描いている。

函館にしばらく滞在して揮毫《きごう》などに日を送ったが、ここでも彼の作品は、いくらか売れたらしい。八月二十六日、海路青森に向い、青森から陸路南下した。もちろん汽車はなく馬か徒歩である。盛岡を経、中尊寺に遊び、多賀《たが》城碑、仏光禅師の蒙古碑などを探り、仙台に入り、竜雲院の林子平《しへい》の墓をとむらい、福島・会津を経て日光に遊んだ。そのころの日光は、幕府が仆《たお》れてから、すっかりさびれていたので、鉄斎は、日光山も今後は他力でなければやっていけないであろう、官の世話では決して昔のようにはなるまい、将来きっと伊勢のように参詣人をすすめるようになるであろうと旅行記に書いている。華厳滝や中禅寺湖の勝景をさぐり、茨城県大堤村鮭延《けいえん》寺に熊沢蕃山の墓をとむらい、利根川船に乗って九月二十三日東京に入った。東京にしばらく滞在し、その間、松浦武四郎・小野湖山・

田崎草雲・伊藤如石・林鶴梁《かくりょう》・黒田清綱らと会い、十月二日「陸蒸気《おかじょうき》」で横浜に行き、汽船に乗り、五日兵庫着、六日帰宅した。日数およそ百十日の大旅行で、くわしい旅行記を書き残している。

帰ってから間もなく、山紫水明処から御幸町御池上ル亀屋町に移転したが、翌八年(一八七五)二月、席のあたたまる間もなく岡山県に旅行し、四月には山中信天翁・板倉槐堂・江馬天江・岡本黄石・神山鳳陽など先輩の文人と一緒に奈良に遊び、その時ちょうど開かれていた奈良博覧会を見物した。この博覧会には正倉院御物が東大寺大仏殿に出品されていた。やがて一行は吉野山に遊んで、南朝の遺跡を見て、ふたたび奈良に帰ったが、鉄斎は母が病気だというしらせを受けて一行にわかれ京都に帰った。

この年の夏、長野県伊那《いな》郡浪合《なみあい》村という山深い僻地に尹良《これなが》親王の遺跡をたずね、歌枕として有名な園原《そのはら》山にあそんだ。尹良親王というのは正史には見えず、わずかに『浪合記《なみあいき》』という古書に、宗良親王の王子として名を伝えられているにすぎないが、伝説によると応永年間浪合で土寇に殺されたといい、同地にその墓がある。あるいは宗良親王のことをあやまり伝えたのではないかとの説もあり、今日では一般にその存在を否定されている。しかし鉄斎は、浪合記を信じて、はるばるその遺跡の調査におもむいたのであった。後年、彼はこの遺跡を記念するために大そう骨を折り、再度この地を訪れている。

富士登山

浪合から飯田に出た彼は、さらに山梨県に入り、吉田口から富士山に登り、駿河口に下山して東京に行った。鉄斎は富士山がすきで、富士山に関する文献はよく調べており、大雅の作った地図まで模写したし、晩年までしばしばこの名山を描いているが、登山して絶頂をきわめたのは、この時一回だけである。

蓮月の死

この年十二月十日、ながい間世話になった蓮月が八十五歳の高齢で死んだ。

　ねがはくはのちの蓮の花の上にくもらぬ月をみるよしもがな

蓮月尼と鉄斎の合装『藤娘図』

いにしへのてふりゆかしきうつしゑの
世になかれたる藤なみの花　　　蓮月尼筆

というのが、その辞世の歌であった。遺骸は西加茂村の共同墓地に葬り、小さな自然石に鉄斎の字で大田垣蓮月之墓と書いたのを彫って墓標とした。のち彼は蓮月の肖像を描いてその徳をしのび、また晩年までその祭祀を怠らなかった。蓮月と鉄斎の交際は二十年の長い間続いたのだった。その間、蓮月が鉄斎に、どのように深い人格的感化を及ぼしたかは、すでにこれまで、しばしば述べておいた通りであるが、また彼女は鉄斎の絵が売れないのを心配して、自分の歌を半紙に書いて鉄斎に渡しておき、鉄斎の絵と合装して一幅にするように処置しておいた。それによって鉄斎は一時の急をしのぐようなこともあったらしく、蓮月の歌と鉄斎の絵を合装したものは、今日なお相当沢山のこっている。いろいろな意味で蓮月は鉄斎の恩人であった。この恩人を失った鉄斎は、感慨無量であったろうが、この時彼はすでに四十歳、学者として、また文人として京都の中堅的存在になっていたのである。

一〇　神官生活

翌九年（一八七六）の春、彼はまた香川県に遊んだが、五月三日、堺県山辺郡布留《ふる》村（現在奈良県天理市）にある石上《いそのかみ》神社の少宮司に任ぜられた。この神社は崇神《すじん》天皇の六年（九二）に創建されたという由緒の古いもので、祭神は大国魂神《おおくにたまのかみ》であるという。鉄斎をこの神社の少宮司に推薦したのは、文学者吉井勇の祖父吉井友実であった。また当時の大宮司は水戸藩の出身者である歴史家の菅政友《かんまさとも》であった。

鉄斎は、かつて湊川神社の宮司になりそこねたのだが、今ようやく石上神社の神官になることが出来て、かねてから抱いていた神社復興の志を、幾分でも遂げることが可能になったのだから、やはりうれしく感じたであろう。六月二日、彼は妻子を京都に残したまま単身赴任したが、病気のためしばらく奈良に滞在、二十日にようやく出社した。家族と別れてただ一人の田舎住まいであるから、不自由でもあり、留守中のことも心配ではあり、また神社のつとめも中々いそがしかったらしい。当時の春子あての手紙に

七月十六日より毎日朝七時に出勤やすみなく、廿五日より日に二度づゝ御社前え、のりとをよみに罷でるにて、かへるは夜るになり、さてとんと雨がふらず雨乞《あまごい》をいたし、また六日まで日に二度づゝ御神前へでるにて、とんとやすみなし。大概、朝七時に出で、かへるは夕の十時比になり、くたぶれる。これも神さまはさらにて、世の中につとめるなれば、ふじゆとも思わず。

とあり、鉄斎の苦労も大へんであったが、一家が二つに別れて生活するので、春子の方も経済的には、ずい分こまったこともあったようである。鉄斎は自分の絵を春子に送って、生活費に当てさせていた。また「ともかくも心をやすく身にさわりのなきよう、神にもいのり無事をたのみ玉へ」とか、「牛のちゝにてもたべ、

とにかく身をすごやかにいたすべし。心をひろく持て御安心、人間は心ひろく、かたくうごかさねば、こまるといふ事なし。そのうちには、おもしろき事も侍る也」などと、しきりに心の修業を説いて春子をはげましている。

七月の末、彼は公務の余暇を見て、附近に散在する歴代天皇の御陵、たとえば神武・懿徳《いとく》・孝昭・孝安・孝元・欽明《きんめい》・用明・斉明《さいめい》・天武・持統《じとう》・淳仁《じゅんにん》など各天皇の陵や、草壁《くさかべ》皇子・高倉宮・嘉楽門院《からくもんいん》・崇光院《すこういん》の墓を巡拝してまわった。また十一月には堺から上市を経由し、迫《せこ》村の丹生《にぶ》川上神社に参拝、これより吉野の奥地に入り、高原村の新待賢門院の墓、神之谷《かみのや》村の南帝自天王・空因王の墓、竜川寺の尊秀王の墓をとむらい、川合池原の険を越え、和歌山県に入り、十津川《とつがわ》を下って本宮《ほんぐう》にいたり、十津川庄に入り、土佐町に出て、鑵子《かんす》山に日本武尊の陵をさぐり、同月二十七日、石上に帰った。この旅行は主として南朝遺跡の研究を目的としたのであるが、現在でも交通不便なこの地方を踏査することは、当時としては随分骨の折れることであったろう。

この旅行から帰って間もなく、神官教導職の件について何か不快を感じたことがあって辞表を提出した。これは教導職が終身職であり、かつ神官は必ず教導職に兼補される立前で、もしその兼補をこばめば、本官を免ずるということになったので、それが鉄斎の意見に合わぬものがあったらしい。しかし時の堺県令税所《さいしょ》篤《あつし》は、非常に鉄斎の人物に感心していたので、極力彼を慰留することに努めたから、鉄斎も考えなおして留任することになった。税所は旧薩摩藩士で、幕末のころは西郷・大久保などと勤王運動に奔走し、そのころは堺県令として治績を挙げ、能吏として評判が高かった。彼は特に南朝遺跡の顕彰や神社の復興については大そう熱心であったから、鉄斎とは共鳴する点が少なくなかった。この後、間もなく鉄斎が、大鳥神社の大宮司に任ぜられたのは、税所が推薦したからである。

石上神社に在任していた当時、彼は同社の鏡や幌を献納し、またこわれた回廊を私費で修理したいという願書を県庁に出した。このことについて彼は、その記録の中に「右は御国事多端の時につき、しばしば官を煩わすのは百錬の奮勉が足りないからである。よって私費を献じて修補いたしたいという願書である。これは百錬が、いたずらに月給をもらっている普通の役人の如きであるのを欲せず、少しでも国家に報いようとする微意で、こうしたのだ。ただし国家に報いようとする微意は、ひとりこれだけではない。従来やったことはみなこの考えから出たことである。しかし、それは一々書きとめない。また時勢と合わぬことが多い。」という意味のことを書いている。鉄斎の物の考え方は普通の神官たちとは、まるでちがっていたのである。ただ、こうした熱心な人物を下役にしては、上役の者もさぞ煙たかったことだろうし、鉄斎としても仕事はやりにくかったにちがいない。

当時、堺県に行幸があることになっていた。税所県令は、行幸の道筋にある歴代天皇の御陵や官幣大社の位置を示す絵図を天皇の御覧に入れたいと思い、この年十二月、鉄斎に命じて絵巻を製作させた。そこで彼は、その実地調査を行った。

ところが十二月二十七日、彼は堺県大鳥郡大鳥村（現在大阪府堺市）の官幣大社、大鳥神社の大宮司に任命された。同社の祭神は大鳥神であるが、一説に日本武尊であるともいう。旧幕時代ならば鉄斎は一介の町人、それがはからずも官幣大社の大宮司になったのだから鉄斎の感激も、ひとしおであった。彼はその辞令書を掛幅にして保存していた。当時彼が春子に送った手紙に次のようなのがある。

　新年御めて度、御祝ひなされ候段、猶また御喜申入候。御母様も無事、何より安心致候。猶よく御気をつけ願入候。さて此間三日、拙者も、おもひがけなき、ありがたき仕合、但し神の御こゝろ也。大事におそれつゝしみ、つとめてゐねば、かえつて、つみをかぶるもこゝにありと、一度はおそれ居候。いづれ当社の引わたし済申候のちに堺へ参るべし。御役は大事の位なれば、わけて気をつけねばならず。且亦此ほど、御上に奉る御道すじのまきものしたゝめ、大ていに出来、是も身の仕合也。先づは御喜びなされ、またつゝしみ玉へ。家のくらし、これは、もの入り時せつなれば、致しかたなし。なる丈、けんやくせねばならず。但し、きれ一尺もかえぬとあれど、当分のさしかまへにならずば、しんぼふすべし。其うちには、またよろしき工夫を致し申候間、よく〳〵守り玉へ。上京の事も、右にてしれず。何分御役を大事にせねば、身のつみおそれ申候間、そもじも御こゝろえ玉へ。いのるは、この所也。拙者も、これまでは教部せうよりの御書つけなれど、こんばんは大政官の御書つけいたゞき申し、ありがたく。これも御国の御恩、神の御恩、神の御恩、親の御恩なれば、しゆびよくつとめ申度候。（下略）

十年（一八七七）一月十六日、大鳥神社に赴任した鉄斎はやがて家族も呼びよせた。そのころ大鳥神社はすっかり荒れはてていた。政府も多事多端で、神社の復興に金をまわすことは、なかなか出来なかった。そこで鉄斎は氏子の有志をつのって画会を作り、自分の書画を売り、その金を神社復興費に投じ、鳥居をはじめ、敷石・燈籠・手水舎・絵馬舎などを奉納した。大鳥神社は次第に、見違えるほど立派になって行った。これには妻の春子の協力も与《あずか》って力があった。当時、鉄斎の月給は二十五円だったというが、その中の十円を京都の母に送り、残りの十五円で一家三人の生活を支えていくのだから決して楽ではなかった。春子は自ら、はたを織ることまでした。

大鳥神社

　鉄斎は、しかし大鳥神社を復興しただけではなかった。彼はまた堺県（現在奈良県）高《たけ》市《ち》郡柏《かや》ノ森村にある加夜奈留美命《かやなるみみこと》神社が頽廃して、由来が古いのにもかかわらず意外に小さい神社であるのを見て、同社の由緒を書いて県庁に差出し、自ら金を投じて新築の挙をはかった。また高市郡雷村の気吹《いぶき》雷響雷《いかずちひびきいかずち》神社、吉野大国栖《おおくず》御魂《みたま》神社を再建するために尽力している。いずれも『延喜式《えんぎしき》』にのっている由緒正しい古社であるが、当時まったくほろびていたか、大破して見るかげもない有様になっていたのであった。

この年二月、堺に行幸があり、鉄斎は大宮司の資格で、行在所で天皇に拝謁した。この時彼の描いた御陵神社位置図巻が天覧に入ったというので、鉄斎は感激した。五月、蟻通《ありとおし》明神に参拝、和歌山県に入り、吉田村の日前《ひのさき》宮、竈山《かまやま》村の彦五《ひこいつ》瀬命《せみこと》の墓、山東《さんどう》村の伊多祁曽《いたきそ》神社を巡拝、丹生川《にぶかわ》村に長慶天皇陵と伝える山陵をとむらい、同地に残っている古文書を調査した。七月には正七位に叙せられたが、この辞令書をも掛幅にして保存した。この月、神宮祭主久邇宮朝彦親王が大鳥神社に参拝した。鉄斎は後年、久邇宮に深く愛顧された。十二月、神官制度が改正され、改めて大鳥神社宮司に任ぜられた。この時、彼は辞意を抱いたが、税所県令はゆるさなかった。

兄敬憲の死

十一年(一八七八)一月、堺県(現在大阪府)讃良郡《さがら》雁屋《かりや》村に小楠公の墓が落成したので、その祭式に県令と一緒におもむいた。五月、河内郡上水分村、水分《みくまり》神社の境内にある楠公の祠に、五百五十年祭がいとなまれたので参拝した。同地の字《あざ》山ノ井は楠公誕生の地であり、ここに鉄斎の揮毫した記念碑が建てられたのであった。

十二年(一八七九)九月、権少教正に兼補され、十四年(一八八一)六月、大阪府下和泉国大鳥神道分局長を申付けられた。ところが、この年十月十六日、京都にいた兄の敬憲《たかのり》が五十一歳で病死した。その上、母の絹も病気であった。敬憲は一生独身で子供がなかったので、鉄斎の娘の秋を養子にしていたが、この時やっと十四歳であったから、鉄斎は母の面倒を見るために京都に帰らねばならなくなった。そこで十一月七日に辞表を出し、十二月九日に依願免官となった。鉄斎の神官生活は足かけ六年で終った。それは彼のもっとも得意な時代であった。当時彼は堺の儒者土屋鳳洲《ほうしゅう》と相知り、鳳洲が東京に移ってからも、たがいに文通し、晩年まで親密な交際を続けた。

散髪・脱刀は明治四年(一八七一)に許可せられ、世間一般は大てい「斬切《ざんぎり》」になっていた。文明開化を謳歌《おうか》したこの時代に、ちょんまげを結《ゆ》っているのは、「旧弊《きゅうへい》」な老人だけだったが、鉄斎は大鳥神社の宮司をしていたころにも、長い間、大たぶさに結った髪を切らなかったし、息子の謙蔵にも、ちょんまげを結わせていたということである。鉄斎は一面無頓着な性質であったが、他面また好みの強い人だったので、これなども新様式をきらうというよりは、むしろ彼の趣味性のあらわれであったろうということである。

一一　明治中期の京都画壇

薬屋町の新居

大鳥神社の宮司をやめて、久しぶりに故郷の京都に帰ることになった鉄斎は、十四年(一八八一)十二月、上京区室町通一条下ル薬屋町に住宅を求めた。この家は、可進流の茶人小川可進の旧居で、可進の子為美から買ったのである。地所はおよそ百七十坪、家屋は本棟二十四坪、外に八畳の離屋と土蔵一棟があり、土地・家屋ひっくるめて三百五十円であった。そのころの三百五十円といえば、なかなかの大金であるが、当時彼は、この程度の金は工面できるようになっていたのだ。この家のとなりには横山華山という画家の邸があり、後年それが空地になったので、その土地も買入れ、後には地所は三百坪ばかりになった。

十五年(一八八二)一月、一家をひきつれて京都に帰ってきたが、薬屋町の家はまだ修繕などが終らなかったのであろう、いったん親戚の杉浦氏の所有する粟田口の借屋に入り、三月、薬屋町の新居に移った。薬屋町は京都御所の西で、閑静な住宅地である。若いころの鉄斎は、あちらこちらとかなり移転して歩いたが、薬屋町に邸をさだめてからは、大正十三年八十九歳で死ぬまで、四十三年の間ここを動かなかった。

明治十五年(一八八二)には、鉄斎は四十七歳で、そろそろ中堅から大家になる年配であったが、そのころの京都画壇の情勢は、どうであったろうか。

維新このかた、政治の中心は東京に移ったが、さすが千年の伝統を持つ京都は、依然として、美術の中枢地として東京に対抗していた。このころ京都に住んでいた作家として有名なものは、たとえば中西耕石《こうせき》・森寛斎《かんさい》・田能《たの》村直入《むらちよくにゆう》・谷口靄《あい》山《ざん》・岸竹堂《ちくどう》・鈴木百年・村田香谷《こうこく》・重春塘《しげしゆんとう》・望月玉泉《ぎよくせん》・巨勢小石《こせしようせき》・幸野楳嶺《こうのばいれい》・今尾景年・村瀬玉田《ぎよくでん》・久保田米僊《べいせん》などがあり、後年大家になった竹内栖鳳《せいほう》・都路華《つじか》香《こう》・山元春挙《しゅんきょ》・菊池芳文《ほうぶん》などは、みな師匠のもとで勉強の最中であった。また、そのころの文人としては山中信天翁《しんてんおう》・頼支峰《らいしほう》・谷鉄臣《てつしん》・神山鳳陽《ほうよう》・江馬天江《てんこう》・吉井義之・岡本黄石《こうせき》などがいた。鉄斎は、これら文人との交際を中心に、また森寛斎・幸野楳嶺《ばいれい》などの専門画家ともまじわった。

フェノロサの文人画排斥

そのころの京都画壇では、南画あるいは文人画の勢力は、なかなか盛んであった。耕石・直入・靄山・香谷・春塘・玉田・信天翁のごとき、いずれもこの派の有力な作家であった。南画・文人画は、幕末の余勢を受け、維新の動乱期に、狩野・円山・四条など他の諸流派が衰微したのを尻目に、ひとり隆盛をほこっていたのである。ところが、鉄斎が京都に帰って来た明治十五年(一八八二)を転機に、一時は全国を風靡する勢いであった文人画の流行も、急速に衰える運命となった。それは、この年五月、東京大学で哲学を教えていた米国人アーネスト゠フランシスコ゠フェノロサ (Ernest Francisco Fenollosa) が竜池会《りゅうちかい》で、福岡文部卿(孝弟)など当時の貴顕を前にして、日本の固有美術が世界的にすぐれたものであること、その日本の固有美術をほろぼすものは油絵と文人画の流行であること、したがって日本の固有美術を発展させるためには油絵と文人画を排斥せねばならぬことを力説したからである。当時、明治初年の急激な欧化主義の反動として、あらゆる方面に国粋主義が抬頭しつつあったので、フェノロサの議論は非常な共鳴をよび、政府の美術政策をも左右するにいたった。したがって、十五年（一八八二）、十七年（一八八四）に開かれた農商務省主催の全国絵画共進会では、油絵とともに、文人画の出品も禁止された。またフェノロサと、その弟子の岡倉天心《てんしん》が、政府を動かして設立させた東京美術学校では、油絵も文人画も教えられなかった。そうした風潮は、やがて世間一般の趣味を一変した。明治初年、飛ぶ鳥をおとす勢いであった文人画の大家でも、このころ世間の需要が激減したために、田舎にひっこまなければならなくなったものもあった。たとえば女流文人画家として、東京で花々しい活動を示していた奥原晴湖《せいこ》などが、そうである。しかし文人画の没落は、フェノロサの排斥だけが、その唯一の原因であったのではない。むしろ当時の文人画は、それ自身の中に没落すべき原因を内包《ないほう》していた。というのは、当時の文人画家は一般に学問が浅く、その絵画的素養も浅薄で、才能もなかった。大ていは、師匠の手本を丸写しにして、何ら新意を発揮することもなく、やたらにつくね芋のような山水を描き、乱暴な筆致に一時の快を取るというようなものが多く、とうてい長い鑑賞に値いするものではなかった。フェノロサの排斥を待つまでもなく、鉄斎のような心ある人物は、こうした軽薄な文人画の流行を軽蔑していたのである。たとえば後年、彼がある人に送った手紙には次のように書いている。

鉄斎の文人画論

文人南宗画、其ノ起原ハ、学士・大夫・隠者、寄興《ききょう》シ清娯《せいご》シテ性情ヲ淘汰《とうた》スルノ遊戯ナリ。其ノ学士・大夫何《いず》レモ其ノ志卓平《たくこ》トシテ、識慮弘遠《しきりょこうえん》ノ人ニテ、普通凡俗ノ人ノ準《なら》イテ及ブ所ニ非ザルナリ。其ノ学士・大夫・隠者寄興ノ外、或イハ時勢ニ背違《はいい》シ、自己ノ志ヲ馳駆《ちく》スルヲ得ズ、蹶然《けつぜん》跡ヲ避ケテ農《のう》樵《しょう》ト隠レ、其ノ胸中ノ逸気ヲ写シ出スナレバ、其ノ書画ニ巧妙有ルハ無論也。此ノ志ヲ定メテ而ル後ニ緒余《ちょよ》ノ芸ニ従事スベシ。然ラバ其ノ志ス所異ナルモ、一定不動ノ念慮無カルベカラズ。夫《そ》レハ農ニ安ンジ漁ニ安ンジ、外ニ願望ナク、一定ノ心志ヲ養イ、利害得失ニ泰然《たいぜん》タルベシ。其ノ人、必ズ博学多識ナリ。此ノ博学多識ハ天地造物ノ理ヲ悟リ、我ガ筆端ニ露出スル具ナレバ、其ノ志ハ高クシテ、此ノ芸ニ始メヨリ糊《こ》口《こう》衒世《げんせい》ノ意ハ無カルベシ。貧賤ニ処シテ、万物ヲ凌駕《りょうが》スルノ意ナレバ、南学ニハ傑出ノ趣ヲ具フモ其ノ筈ナリ。其ノ一定ノ識見無クシテ、只ニ古人ノ糟粕《そうはく》ヲ薄見《はくけん》シ、文人画ハ此ノ如キモノト誤解シテ、悪醜《あくしゅう》ノ筆痕、世ニ氾濫《はんらん》ス。南派ノ原旨ヲ喪《うしな》イ、方今殆ド地ヲ掃フニ至ル。一厄ト謂《い》フベシ。蓋シ、書画モ気運ノ変遷ニ化セルハ、其ノ人先ヅ去ツテ、跡ニ残ル子弟徒ハ、不学無識、一意高慢ノ悪弊ノミヲ所有シテ、勘要ノ大体ハ忘失ニ由《よ》レル也。是ハ人ニ在リテ、又天ノ然《しか》ラ令ムル時邪《か》。

鉄斎の文章は読みづらいが、その大体の意味は明らかである。彼は文人画・南画の理想を非常に純粋な形で考えていたのだ。

京都では、東京ほど急激な文人画の衰退は起らなかった。しかし、時代の大勢には抗しがたく、次第次第におとろえて行った。これは常識的にいえば、鉄斎にとっては、きわめて不利なことに相違なかった。けれども彼はもともと学者であり、絵画は余技にすぎなかった。文人画が世間に流行しようとしまいと、彼の作品の売行がよかろうと悪かろうと、それは大したことではないのである。事実彼は一般の画家と交際する場合、画家としてではなく学者として臨んだし、また一般画家の方も、彼を同業者とは見なさず、学者として尊敬するのが例であった。

十七年(一八八四)、東京ではフェノロサと岡倉天心が鑑画会《かんがかい》を組織し、狩野芳崖《ほうがい》や橋本雅邦《がほう》などのような有能な画家を糾合して、新しい日本画の創作運動を活潑に展開し、十八年（一八八五）、十九年と引き続いて大会を開き、花々しい成果をおさめた。この報道は保守的傾向の強かった京都画壇にも反響を引き起した。そのころ京都の画家の中で、もっとも急進的な作家は幸野楳嶺《ばいれい》であったが、彼は十九年（一八八六）八月自ら資を投じて青年画家を糾合し、青年絵画研究会というものを組織した。同会は翌月展覧会を開いたが、この時鉄斎は谷鉄臣とともに学士審査員にえらばれた。時に五十一歳、当時すでに京都画壇では長老学者として遇せられていたのである。

明治二十年代（一八八七―）のはじめには、日本もそろそろ近代国家としての基礎が、かたまりかけていた。いろいろの制度はととのい、経済力も増大し、したがって美術界もようやく活気を呈して来た。まず二十二年（一八八九）には帝国憲法が発布されたが、これは明治史を前後に分つ画期な事件であったことはいうまでもない。ついで翌年、第一回帝国議会が召集された。東京の町には電燈がかがやき、宮城も出来あがり、東京と京都の間には東海道線が全通した。美術界では、まず日本美術協会が二十年(一八八七)に組織された。これは当時の日本画家や工芸家を糾合した全国的な組織であった。同年また東京美術学校が創設され、二十二年(一八八九)に開校された。二十三年(一八九〇)には帝室技芸員制が布かれ、また京都在住の美術家をあつめて京都美術協会が組織された。このころ東京では、岡倉天心の理論的指導のもとに、横山大観《たいかん》・下村観山《かんざん》・菱田春草《しゅんそう》・小堀鞆音《ともと》・寺崎広業《こうぎょう》・梶田半古《はんこ》などの青年作家が、新しい日本画の創作に苦心していたし、京都では竹内栖鳳・菊池芳文・野村文挙・谷口香嶠《こうきょう》・三宅呉暁《ごぎょう》・山元春挙などの新進作家が続々と抬頭して来る機運にあった。

牛祭りの復活

二十年(一八八七)の四月に鉄斎は城崎《きのさき》(兵庫県)の玄武洞《げんぶどう》を探査し、八月には福井県に新田義貞の墓をとむらった。あいかわらず彼の探求の旅は続いていたのである。十月には太秦《うずまさ》(京都市)広隆寺《こうりゅうじ》の牛祭りという祭式が、明治七年(一八七四)以来中絶していた

車折神社の再興

のを、鉄斎が骨を折って復活した。牛祭りというのは、昔は九月十二日の夜（現在では十月十二日）に行ったもので、牛の背に摩多羅《またら》神の神体である幣《ぬさ》をのせ、奇怪な面をかぶった人が一緒に乗り、広隆寺の薬師堂の前で源信僧都《げんしんそうず》の作と伝える祭文を誦読する儀式で、その祭文は古式の祝詞《のりと》をもととして、おどけの言葉をまじえ、聞く者を笑わせるが、大へん古雅なもので、世に名文と称せられている。その文意は、天神地祇をはじめ、あらゆる変部《へんぶ》をも祭り、寺内の悪魔障礙《しょうげ》・疫疾災危《えきしっさいやく》を退散せしめ、寺物を窃盗《せっとう》するやからをいましめるのである。なお、この前年には、一乗《いちじょう》寺《じ》村の石川丈山《じょうざん》の旧蹟である詩仙堂が頽廃しているのを修繕し、そこの尼が幼少だったので後見人になった。二十一年（一八八八）の二月には、嵯峨の車折《くるまざき》神社が廃滅しかかっているのを惜しんで、独力でこれを復興し、しばらくその神主をつとめた。祭神は右大臣清原頼業《きよはらのよりなり》である。十二月には吉井義之らと計って温古会を組織したが、これは小さな学術団体であった。

二十二年(一八八九)の二月には、高知県に遊び、土佐郡一宮村の都佐《とさ》神社に参拝し、長岡郡国分村に土佐の国府の遺跡を探った。八月には滋賀県坂田郡の筑摩《ちくま》神社に参拝したのを手始めに、愛知県碧海郡《へきかいぐん》和泉村の石川丈山の邸趾を探査し、幡豆《はず》郡天竹《てんちく》村の新波陀《にいはた》神社に参拝、ついで静岡県引佐《いなさ》郡井伊谷《いいのや》村の井伊谷宮に宗良親王の墓をとむらい、鎌倉の鶴岡八幡に詣うで、金沢称名寺の金沢文庫を見、九月、宇都宮の油商蒲生《がもう》又右衛門を訪い、その祖君平《くんぺい》の肖像を模写し、日光に遊び、足利学校を参観した。

二十三年(一八九〇)、京都美術協会が組織され、鉄斎もそれに参加し、評議員にえらばれた。鉄斎は、この会の学術的な仕事に力を借したことが少なくなかった。五月、先輩岡本黄石《こうせき》の八十の賀会に出席するため東京に行き、鎌倉や甲府に遊び、『伊勢物語』に出て来る蔦《つた》の細路《ほそみち》(静岡県)の故跡を探った。

二十四年(一八九一)の五月、大阪府下の多田山に遊んだ。これは多田山から昔良質の紺青《こんじょう》が出たので、それを調べに行ったのである。鉄斎は絵具や墨や紙のことまで熱心に研究していたのであった。六月、竹内栖鳳・山元春挙など当時の青年画家たちが発起して、京都で私立日本青年絵画共進会を開いたが、鉄斎は推されて、その審査顧問となった。画風からいえば、これら青年作家と鉄斎の間には何の関係もないのであるが、鉄斎はもともと南画だけに凝りかたまった頑冥な人物ではなく、大和絵・狩野派・琳派《りんぱ》・浮世絵・大津絵など、あらゆる流派を研究して自分の作品の中に取りこんでいた包擁力の大きな人だったから、こうした青年作家の運動にも、かなりの好意を抱いていたのであろう。青年作家の方でも、鉄斎の人格とその学問に非常な尊敬をはらっていたのである。十月、名古屋方面に遊んだが、濃尾大地震に遭遇し、伊勢路を経て、辛うじて京都に帰った。

審査員としての活動

この年、鉄斎は五十六歳であるが、これから七十歳のころまで、彼の公的生活はなかなか多忙であった。当時彼は学者として、また文人画家として、京都の重鎮となっていたので、彼の好むと好まぬとにかかわらず、世間の方で彼を遊ばせておかなかったのである。この間、彼はいろいろな展覧会・共進会・博覧会などの審査員になっていることが、はなはだ多いので、次に一まとめにして表示しておこう。

二十四年(一八九一) 六月　日本青年絵画共進会審査顧問
二十五年(一八九二) 四月　京都市美術工芸品展覧会審査顧問
二十六年(一八九三) 四月　京都市新古工芸品展覧会絵画鑑別員
二十七年(一八九四) 四月　京都市新古工芸品展覧会絵画鑑別員・絵画部審査部長
二十八年(一八九五) 四月　第四回内国勧業博覧会第二部審査官
二十八年(一八九五) 十月　日本青年絵画共進会審査協議員
二十九年(一八九六) 四月　京都美術協会新古美術品展覧会絵画部審査員
二十九年(一八九六) 十一月　京都市美術工芸学校校友会大会絵画審査員

三十一年（一八九八）十月　後素《こうそ》青年会第二総会審査長代

このように彼は、いろいろの会の審査をしたが、しかし一度も自分の作品を出したことはなかった。彼は自ら学者をもって任じ、世間一般から画家と見なされることを非常にきらっていたので、言わば売名の市場であるこれらの展覧会・共進会・博覧会などに出品して、専門画工と技をきそうことをいさぎよしとしていなかったのである。

この間また彼は京都美術協会その他の会で、学術的な仕事に助力を惜しまなかった。二十六年（一八九三）、京都美術協会の特別会員に推薦された彼は、二十八年（一八九五）同会から広島大本営に京都の画家の合作画帖を献納する際、その画題の選定を依頼され、また京都社寺および個人所有の美術品を天覧に供するため、その選択を依頼されている。また、しばしば同会の参考部委員会協議員・古美術品展覧会調査委員などに挙げられ、三十三年（一九〇〇）にはその功労を賞して、金牌を授与された。また二十八年(一八九五)には、醍醐寺保存会評議員・大極殿《だいごくでん》遺跡建碑取調委員を嘱託されている。

京都市美術学校

そのころ彼はまた京都市美術学校に関係があった。二十六年(一八九三)同校の評議員を嘱託された彼は翌二十七年(一八九四)同校の教師を嘱託され、修身を担当し、のちには考証学をも教えたらしい。彼の講義は一般の画学生には、あまり高尚すぎてわからなかったらしい。これについて彼は三十年(一八九七)ごろ、黒田天外に対して次のように語っている。

私は美術学校へ出て時々歴史人物の講釈や、甲冑衣冠《かっちゅういかん》、其他総ての考証などに就いて生徒に教授しているが、どうも生徒の学力が其処《そこ》に至らんから、此方《こちら》のいうことが腹に入りかねる。元来画家というものは、昔から不学無術《ふがくむじゅつ》の者が多いから、どうも困る。それで歴史人物に関する絵画については近来東京は大いに進んで来たが、京都は一向進まん。夫《そ》れというも、画家が読書をせんで、歴史人物の如何を解せず、ただ旧来の粉本《ふんぽん》によって陳套《ちんとう》の絵画を描くからだ。またこれは東西京に論なしだが、一般に絵画の形似《けいじ》は進歩したが、其の精神が欠乏して、事実の訛謬《かびゅう》など殊に多い。これも全く不学無術の致す所であるから、どうか画家もちと学問して、此の弊を除いてもらいたいものだ。

こんな調子で手きびしくやっつけられるので、岸竹堂などは、鉄斎の顔を見ると、こそこそ逃げかくれていたそうであるが、しかし幸野《こうの》楳嶺《ばいれい》や今尾景年などのように、彼の教えを請うものに対しては鉄斎は親切であったという。

日本南画協会

この頃になると、文人画・南宗画の勢力は日に日に衰える一方であった。それは、この派の大家が次第に死んでいったのと、世間の趣味が新しく勃興して来た油絵と新日本画の方に移って行ったからである。これではならぬというので、二十九年(一八九六)十二月、京都に住んでいた南画家二十余名が集って日本南画協会を組織し、鉄斎もこれに参加した。同会は翌三十年（一八九七）十一月、発会式を行ったが、その際、彼は評議員に選ばれた。以来、同会は春秋二回、大会を開き、三十七年（一九〇四）四月、第十八回大会まで続いたが、この会の展覧会と、後素《こうそ》如雲社《じょうんしゃ》の展観にだけは、鉄斎も作品を出した。これらの展覧会は、外の展覧会や共進会のような売名の市場でなかったからであろう。

文筆活動

このころ彼の文筆活動も、なかなかさかんであった。二十三年（一八九〇）、『京都美術雑誌』第一号に「清《しん》帝我邦ノ美術ヲ賞ス」という一文を発表して以来、『京都美術協会雑誌』には八回、日本南画協会の機関誌である『南宗画志』には七回、その他、『絵画叢誌』・『骨董協会雑誌』・『画林』などに、それぞれ一回ずつ寄稿している。さすがに博学な彼だけあって、その主題は多岐多端にわたり興味ふかいものが多いが、中でも、『南宗画志』第四号に発表した「牧渓《もっけい》の事」という一文は、現在中国にも伝わっていない元の呉《ご》太素《たいそ》の『松斎梅譜《しょうさいばいふ》』を引用して、牧溪の伝記を明らかにし、その学術的価値ははなはだ大きいものがある。鉄斎は、この『松斎梅譜』の写本を秘蔵していたのであった。

なお、このころの彼の生活における重要な出来事を次に述べておこう。

二十六年(一八九三)五月、名古屋方面に遊び、建中寺の陳元贇《ちんげんぴん》の墓をとむらった。十一月、宇田淵二と計って柳池校で図書会を開いた。この年、仙台の儒者岡鹿門《ろくもん》が鉄斎を訪れて来た。また京都市から同市の美術工芸・著名物産の沿革を取調べることを依嘱された。

二十七年(一八九四)の五月、愛知県川名村で開かれた丹羽嘉言《にわかげん》の追薦《ついせん》会に出席し、ついで秋葉山(静岡県)に登山、興津(同上)の清見寺《せいけんじ》に富士山を見て帰った。秋、東大寺尊勝院経庫の蔵経四千五百五十五巻を正倉院に奉納することに従事した。

二十八年(一八九五)の四月、母の絹が八十五歳で死んだ。六月、三重県上野に遊び、愛染院の芭蕉塚をとむらい、伊賀郡国生村国見山に登って兼好塚をとむらった。

この年、東京南画界の大家滝和亭《かてい》が訪問して来た。

二十九年(一八九六)の三月、娘の秋が二十九歳で死んだ。秋は鉄斎の兄敬憲の養女となり、婿養子を迎えていたが、このように早死したので、婿は離籍し、富岡の家系は鉄斎の方に伝わることになった。

三十年(一八九七)の八月、久邇宮《くにのみや》が田能村直入の邸を訪れた時、直入の所蔵している書画の説明をした。久邇宮は、美術が非常に好きであり、鉄斎を愛顧していた。九月、祇園中村楼に清《シン》人力釣《りきちょう》を招き、江馬天江・市村水香・小林卓斎らと会飲した。

三十一年(一八九八)の四月、三重県上野の広願寺で十六羅漢供養会《らかんくようえ》を催した。六月、奈良県上市に滞在し、吉野神宮・如意輪寺・賀名生《あなう》行在所《あんざいしょ》・妹山大名持《いもやまおおなもち》神社・水分《みくまり》神社・苔清水《こけしみず》・金峰山《きんぷせん》神社などの旧蹟を探った。八月、黒谷光明寺の方丈と書院の襖や壁張に水墨「幽谷絶壁図」を描いた。九月、京都府加佐郡内宮村の内宮

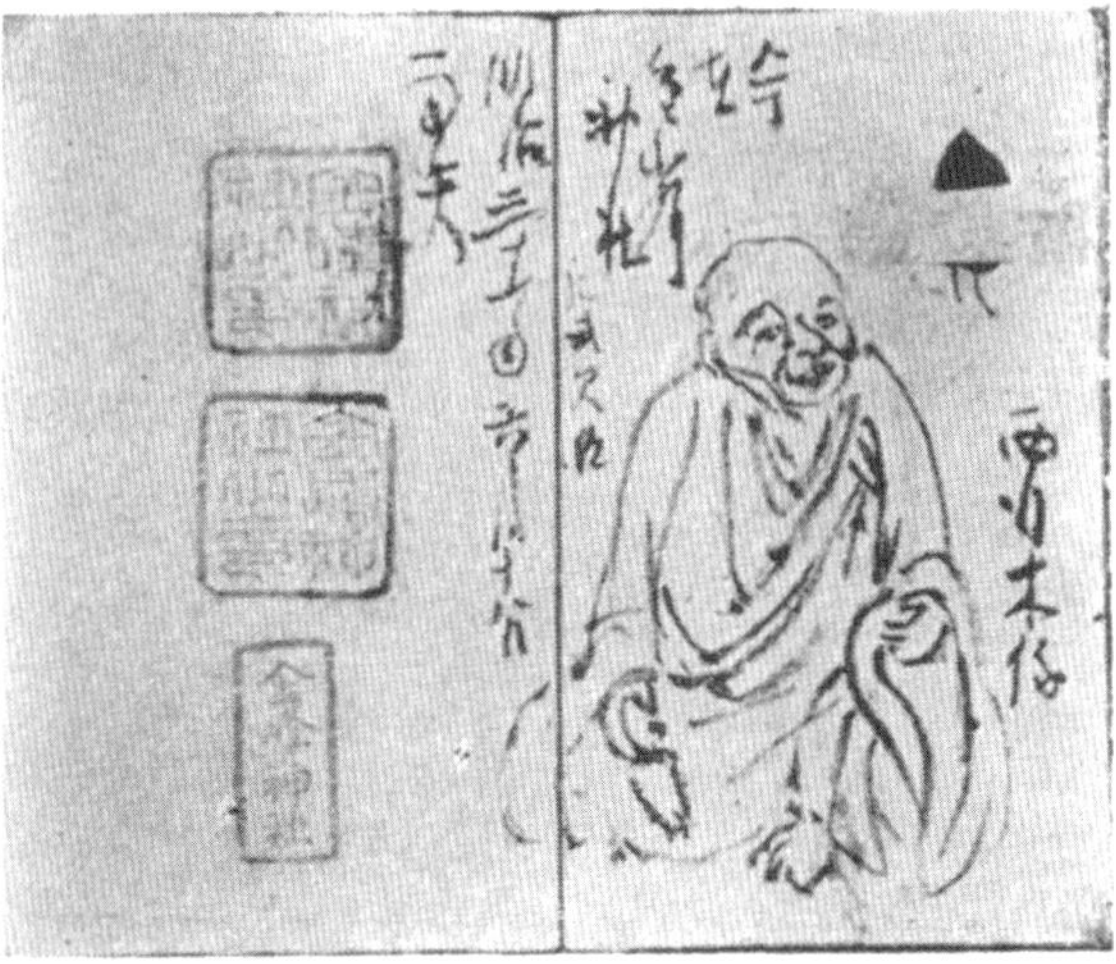

金峰神社でのスケッチ『西行木像』（明治31年）

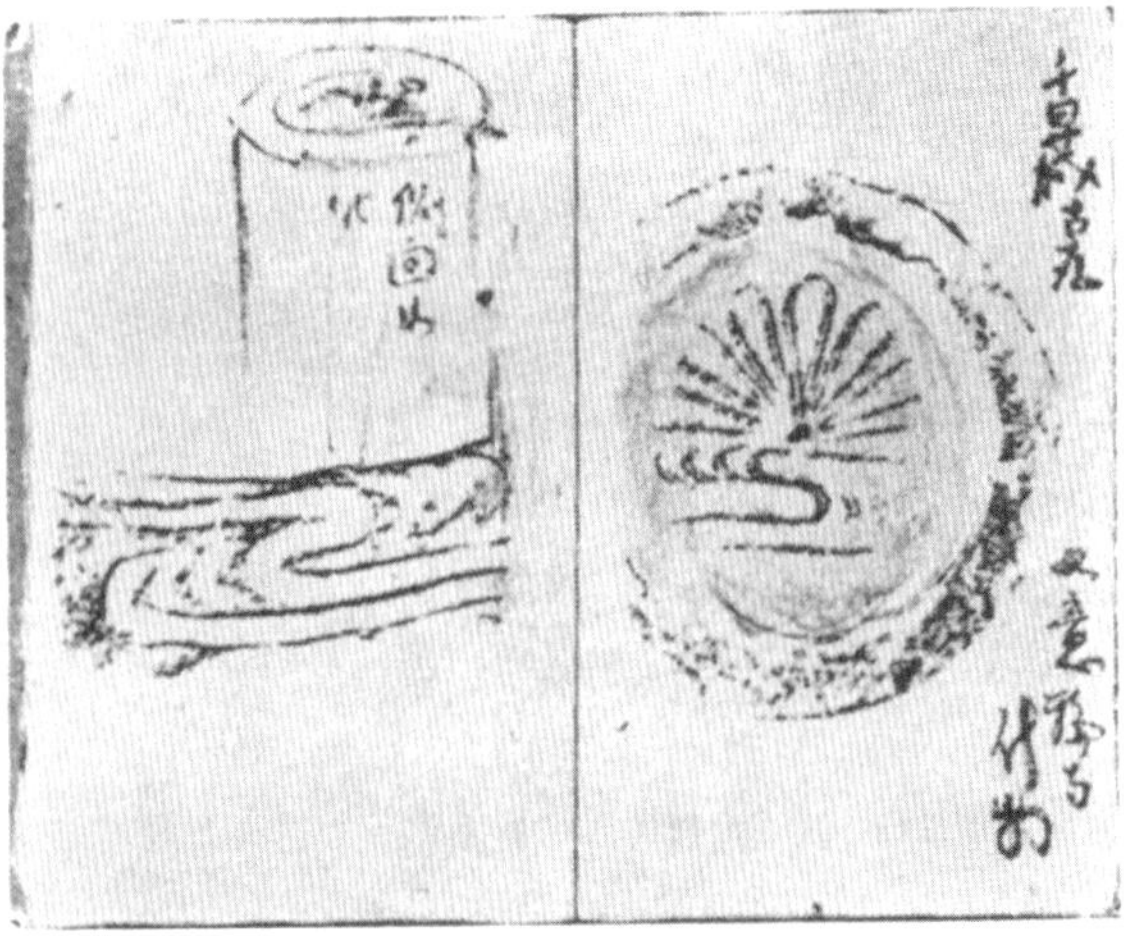

如意輪寺でのスケッチ（明治31年）

天橋立でのスケッチ（明治31年）

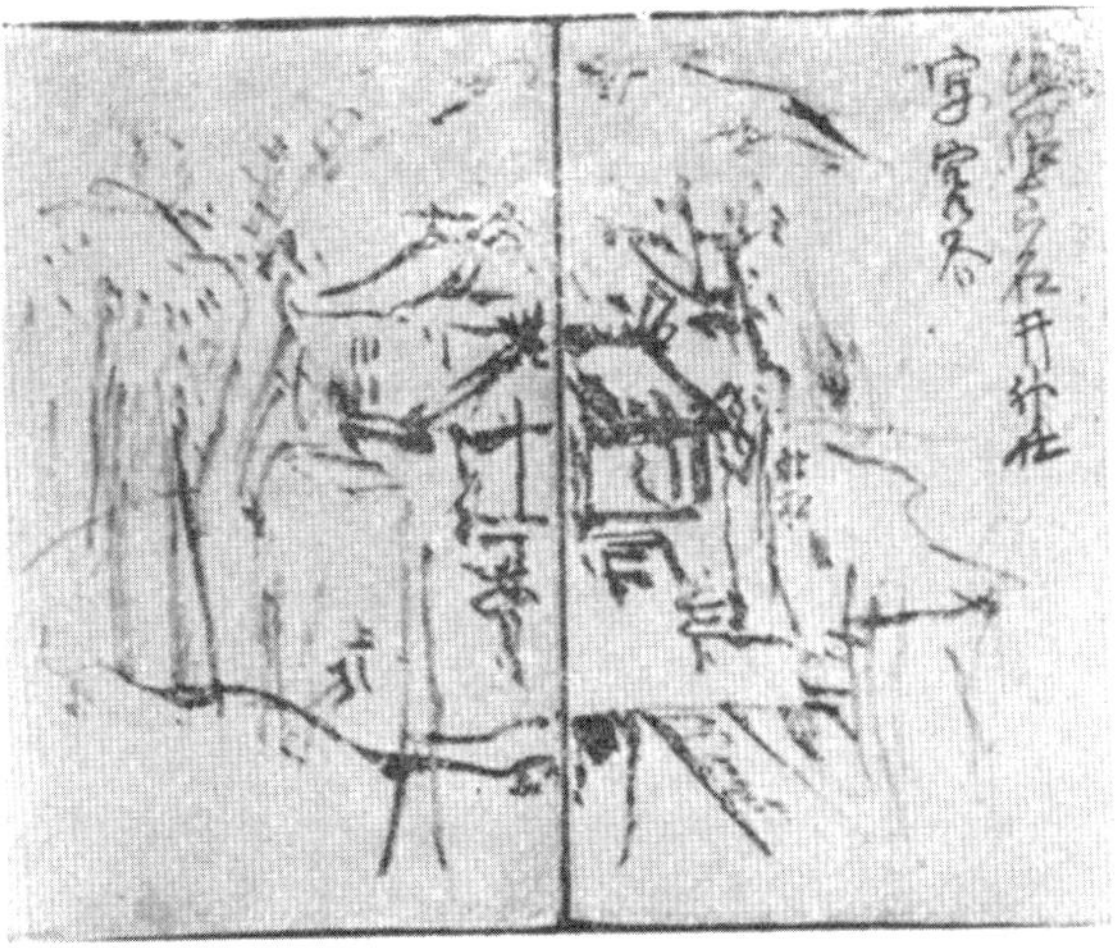

比沼真名井神社でのスケッチ（明治31年）

謙蔵の結婚

神社、同郡岡田下村の大川神社を巡拝、宮津(京都府)に入り、天橋立の勝景を探り、籠《こもり》神社に参拝、与謝《よさ》郡加悦《かえ》村から大江山に登山して鬼窟をさぐり、本庄村の宇良《うら》神社を拝し、竹野郡宇川村に穴文殊の奇勝をさぐり、中郡五箇村の比沼麻奈為《ひぬまない》神社に参詣した。十月、皇太子(大正天皇)が京都帝国博物館に行啓の際、内海吉堂とともに御前揮毫をし、鉄斎は竹石、吉堂は梅を描いたが、また皇太子の所望で狗子《くし》図を合作した。

三十二年(一八九九)、久邇宮の依頼で「群仙祝寿」・「瀛洲仙境図《えいしゆうせんきようず》」を描いた。三十三年(一九〇〇)の五月、皇太子(大正天皇)の結婚祝いに日本南画協会から献上する画帖に「蓬壺春暁図《ほうこしゆんぎようず》」を描いた。七月、息子の謙蔵が中野としと結婚した。この若夫婦の間には、やがて三十四年(一九〇一)に長女弥生《やよい》、三十七年(一九〇四)に次女冬野《ふゆの》、四十年(一九〇七)に長男益太郎、四十四年(一九一一)に三女夏枝《なつえ》が生れたので、鉄斎の家も次第ににぎやかになった。十月、山中・山代(石川県)に遊び、那谷《なたに》村の那谷

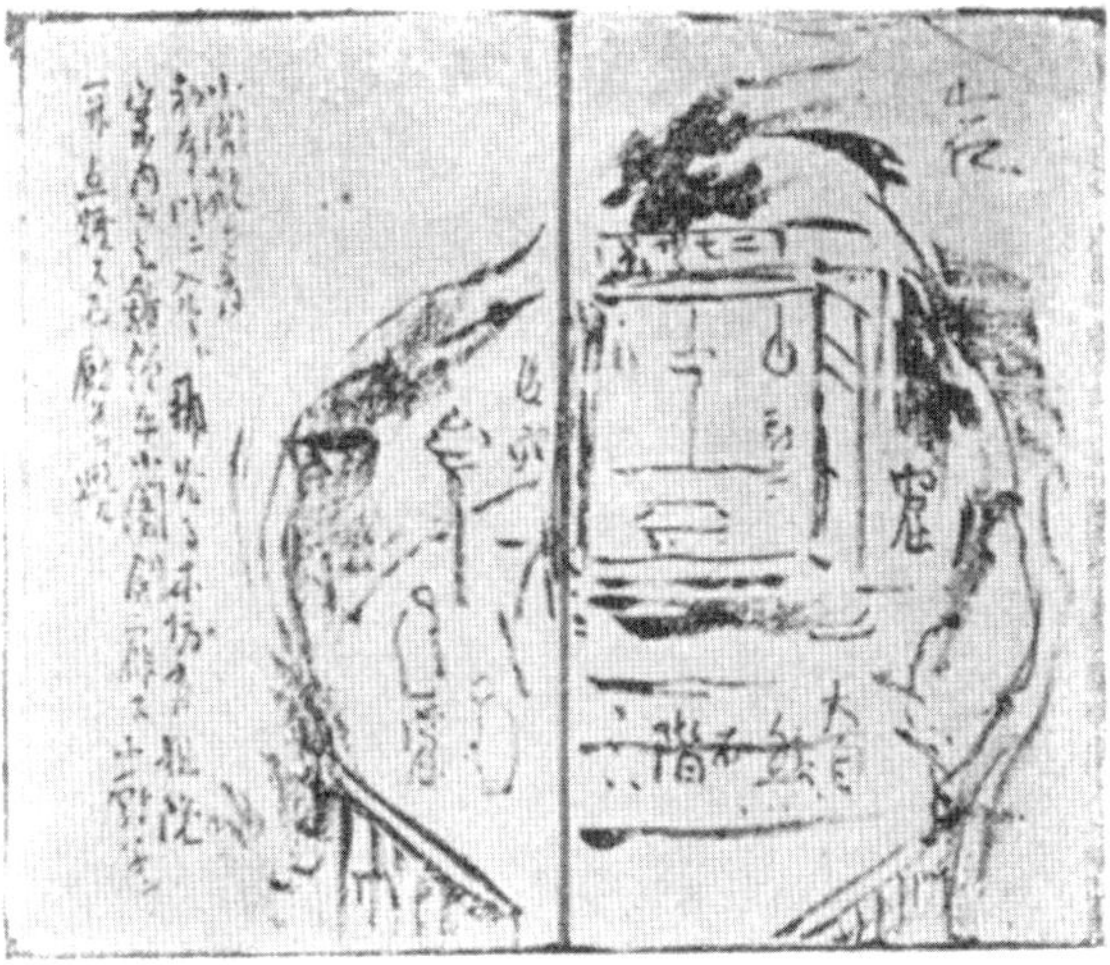

那谷村の岩窟でのスケッチ（明治33年）

柴田勝家木像（明治33年）

寺の奇勝をさぐり、金沢に行き、兼六公園の夕顔の茶室を見、福井西光寺に柴田勝家の墓をとむらい、北之庄の城趾を視察した。

三十四年（一九〇一）の四月、日本南画協会第十

八回大会で亡友山中信天翁の十七回忌を行った。九月、名古屋に遊び、瀬戸に陶匠加藤藤四郎の遺跡をさぐり、ついで静岡県の竜華寺・鉄舟寺に遊んで富士を眺め、三保に羽衣松をたずねた。十月、京都妙覚寺にある探幽はじめ狩野家代々の墓を修理した。鉄斎は狩野家とは何の縁故もないのだが、昔の人の墓を探し、それを修理することは彼の趣味であった。こうした例は数多いが、三十六年(一九〇三)には、東山吉田芝墓にあった隠士白幽《はくゆう》の墓が前々年盗まれたので、古蹟の滅亡を恐れて、有志と計って、その墓を重修したこともあったし、四十年(一九〇七)には、『山中家文書』を手に入れ、豊臣秀吉の臣であった山中山城守の墓を東山旧慈芳院墓地に発見し、本国寺了国院にある赤穂義士小野寺十内の妻丹女《たんじょ》の墓を修理し、建仁寺禅居庵の雪村の墓が紛失したので、それを再建し、また松原通大和大路二丁目の竹藪の中に発見された赤松円心則村と雪村の墓を修理し、また黒谷にある茶人土肥二三翁の墓の側に案内の石標を立てたこともあった。

三十五年(一九〇二)の十月、東京画壇の重鎮であった橋本雅邦と平野家、中村楼の宴で、はじめて会い、「雅邦」の印を彫り、富士山図ならびに詩とともに贈った。雅邦は翌年四月鉄斎を自宅に訪問した。鉄斎は狩野芳崖《ほうがい》の作品はきらいだったが、雅邦を狩野派の大家として、また人格者として尊敬していた。また東京の南画家の中では、野口幽谷《ゆうこく》の人柄を賞揚していたという。幽谷は椿椿山《つばきちんざん》の弟子で、親孝行で、非常に謙遜・質朴な人であった。

三十六年(一九〇三)の一月には、シャムの皇太子の前で、今尾景年とともに陶器に絵付をした。この年の秋には信州・関東・東北に遊んだ。かなりの大旅行であった。まず名古屋真

『再信記事』(明治36年10月)

諏訪でのスケッチ（明治36年）

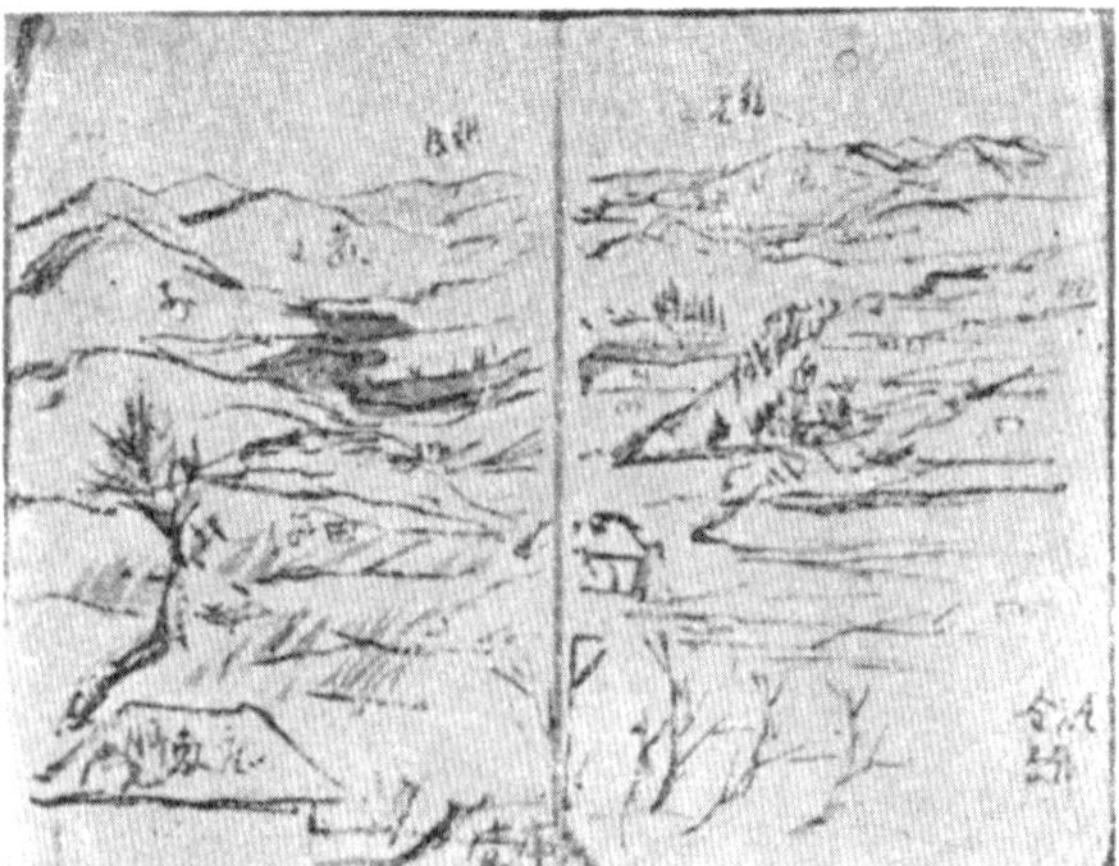

姨捨山の名月（明治36年）

妙義山でのスケッチ（明治36年）

大洗磯でのスケッチ（明治36年）

福寺の有名な古書のコレクションを見、長野県飯田におよそ二十日間滞在し、この間、浪合村の尹良親王御殉難記念碑除幕式に斎主として列席した。鉄斎は八年（一八七五）に浪合を訪れたが、三十三年（一九〇〇）同地の有志と計って建碑の計画を立て、それが今度完成したのであった。また園原住吉神社の境内にも角田忠行撰文、鉄斎書の園原碑が建てられた。また下川路村に天竜峡の奇勝をさぐり、上伊那郡赤穂村の大御食《おおみけ》神社に参拝、諏訪湖に遊び、東堀村に名医長田徳本《おさだとくほん》の墓をとむらい、善光寺に参拝、姨捨《うばすて》山長楽寺に名月を賞し、妙義《みょうぎ》山に登り、東京に出で、九鬼《くき》隆一・下条桂谷《げじょうけいこく》（正雄）のような美術界の有力者と会い、香取《かとり》・鹿島《かしま》の両社に参拝、潮来《いたこ》（茨城県）の水郷を探り、大洗磯《おおあらいいそ》（同上）に大洗神社《おおあらいじんじゃ》を拝し、勿来関《なこそのせき》（福島県）の旧蹟を探り、仙台孝勝寺に政岡（三沢初子）の墓をとむらい、多賀《たが》城碑・野田玉川《のだのたまがわ》碑を見、松島（宮城県）・中尊寺（岩手県）にあそび、帰路栃木県那須郡湯津上《ゆつかみ》村に那須国造《なすくにのみやつこ》碑を見、日光に遊び華厳滝・中禅寺湖をめぐり、愛知県宝飯《ほい》郡赤坂長福寺に大江定基《さだもと》（円通大

松島でのスケッチ（明治36年）

那須国造碑（明治36年）

華厳滝でのスケッチ（明治36年）

師）の古蹟を探った。

三十七年（一九〇四）の二月、京都市立美術工芸学校の嘱託教員を辞した。時に六十九歳、このころから彼は公的な活動を一切止めたようである。また家督は譲らなかったが、絵の依頼者との交渉は、すっかり息子の謙蔵にまかせるようになった。この年賀陽《かや》宮の依頼で、「蓬萊仙境《ほうらいせんきょう》」「武陵桃源《ぶりょうとうげん》」六曲屛風一双の大作を描いた。十一月には小豆《しょうど》島（香川県）の寒霞《かんか》渓《けい》にあそび、琴平《ことひら》神社に参拝した。

三十八年（一九〇五）の十一月には、亡友山中信天翁とその妻の位牌を南禅寺天授庵におさめ、祠堂料《しどうりょう》として大雅《たいが》の墨梅図、光琳《こうりん》の書翰を寄附した。

三十九年(一九〇六)の五月、黄檗山万福寺《おうばくさんまんぷくじ》に独立《どくりつ》禅師の墓をとむらった。同月、亡父維叙《これのぶ》の五十年祭を行い、石門黌舎《せきもんこうしゃ》の同人を招いた。石門黌舎というのは、石田梅岩の高弟たちが組織したもので、同人は代々みな親戚として交際していたのである。六月、養楽会が「富岡鉄斎先生書画陳列」を開いた。これは鉄斎の個展の最初のものであった。十一月、白川村に白幽《はくゆう》の碑を建てた。白幽は石川丈山《じょうざん》の弟とも弟子とも言い、禅僧白隠《はくいん》に内観法《ないかんほう》を授けた隠士であるが、鉄斎はその伝記に興味を持ち、その遺跡を後世に伝えようと計ったのである。なおこの年和歌山県に旅行したようであるが、これが鉄斎の大きな旅行の最後のものとなったようである。

明治十五年(一八八二)京都に帰って来てから三十年代の末(一九〇六)に至るまでのこの間に、鉄斎はすでに大学者として東京までその名を知られ、文人画家としても大家の位置を築きあげていた。この時代のはじめのころの彼の交友範囲は、山中信天翁・頼支峰・神山鳳陽・谷鉄臣・岡本黄石・山本溪愚・吉井義之ら京都在住の諸文人を中心に、松浦武四郎・重野《しげの》成斎・岡鹿門《ろくもん》・岩谷《いわや》一六・土屋鳳洲《ほうしゅう》・小野湖山・伊藤如石・藤沢南岳・倉田績・村山遯軒《とんけん》など、東京その他の地方の学者・文人にも及んだ。京都の画家では田《た》能《の》村直入《むらちょくにゅう》・谷口靄山《あいざん》などの南画家は言うまでもなく、森寛斎・幸野《こうの》楳嶺《ばいれい》・望月玉泉・今尾景年・鈴木松年など他派の作家とも親しく、久保田米仙《べいせん》・森川曾文《そうぶん》・谷口香嶠《こうきょう》・加藤英舟《えいしゅう》・竹内栖鳳《せいほう》など、はるか後輩の新進作家とも交わり、ことに栖鳳が三十三年(一九〇〇)渡欧する時には、六十五歳の老体ながら朝早く京都駅に見送りに行っているほどである。東京その他の画家や美術関係者では滝和亭《たきかてい》・田崎草雲《そううん》・橋本雅邦《がほう》・菅原白竜《はくりょう》・奥村石蘭《せきらん》・磯部百鱗《ひゃくりん》・下条桂谷《げじょうけいこく》・九鬼《くき》隆一などを知っていた。また有名な殖産興業家前田正名《まさな》とは第四回内国勧業博覧会の審査官になった時、はじめて知合いになり、前田が死亡するまで親交を結び、その死後には知《ち》恩院《おんいん》に記念碑を建てたほどであった。

一二　天子知名

そのころの日本は、日清・日露の両戦役に勝ち、軽工業国から重工業国に飛躍的な発展をとげ、近代資本主義国家としての体制も一応ととのって来ていた。そういう情勢は美術界にも反映し、全国的な規模の大展覧会を毎年定期的に開けという要望が、民間にも官界にも次第に高まりつつあった。四十年(一九〇七)、西園寺《さいおんじ》内閣は美術審査委員会の官制を公布し、文部省美術展覧会(略称文展《ぶんてん》)を開くこととなった。これは近代美術史上の画期的な事件であって、この文展開設を機として、当時の美術界の動きは、きわめて活潑になった。この時、日本画家として美術審査委員を命ぜられたものは、橋本雅邦《がほう》・松本楓湖《ふうこ》・川端玉章《ぎょくしょう》・荒木寛畝《かんぽ》・寺崎広業《こうぎょう》・小堀鞆音《ともと》・川合玉堂・横山大観・下村観山・竹内栖鳳・山元春挙・菊池芳文であった。この顔ぶれを見ても明らかなように、この中には南画系統の作家は一人も入っていないし、他の保守的な流派の代表者も選に洩れている。そこでこの審査委員の任命に反感を抱いた作家たちは正派《せいは》同志会《どうしかい》を組織して文展に反対し、これに対して新派の作家は国画《こくが》玉成会《ぎょくせいかい》を組織して、旧派に対抗するということになった。文展の開設は、はしなくも新旧両思想の対決を激化したのである。翌四十一年(一九〇八)、正派同志会は桂《かつら》内閣を動かして、荒木十畝《じっぽ》・高島北海《ほっかい》・野村文挙《ぶんきょ》・山岡米華《べいか》・益頭峻南《ますずしゅんなん》・望月金鳳《きんぽう》などを美術審査委員会に送りこむことに成功したが、これより大正初年まで、文展は新旧思想のはげしい決戦場になった。文展の開設は、たしかに新しい美術の発展をうながしはしたが、その反面、虚名を求める浅ましい人間の世界を現出した。

鉄斎は、こうした世間の空《から》さわぎをまったく超越していた。彼にとっては、絵画は「性情《せいじょう》を陶汰《とうた》するの遊戯」であって、その他の何ものでもない。文展に作品を出して、専門の画家と腕をきそうというようなことは夢にも考えなかった。まして美術審査委員になろうなどという野心は微塵《みじん》もなかった。七十歳を越えた鉄斎は、もう年が年だから、すきな旅行にもあまり出かけなくなり、薬屋町の邸宅で悠々自適の生活を送っていた。毎日、万巻の書に読みふけり、気のむくままに制作していた。彼は勿論虚名を売ることを好まなかったが、その評判は水のように全国にしみわたっていった。彼の作品を求める人々が次第に増えて来たので、それをことわるのが息子の謙蔵の大へんな仕事になって来た。

明治天皇の依頼

四十年(一九〇七)の九月、鉄斎は久邇《くに》宮の京都別邸に呼び出され、侍従東園《ひがしその》基愛《もとなる》から明治天皇の命を伝えられた。天皇は非常に美術が好きで、久邇宮あたりから鉄斎の噂を聞き、その作品を所望する気になったのであろう。天皇の命令とあるので感激性の強い鉄斎は大へん感動した。彼は鋭意制作にあたり、翌四十一年(一九〇八)四月「神仙高会図《せんこうかい》」・「阿倍仲麿明州望月図《あべのなかまろめいしゅうぼうげつ》」の二幅を完成し、六月に表装が出

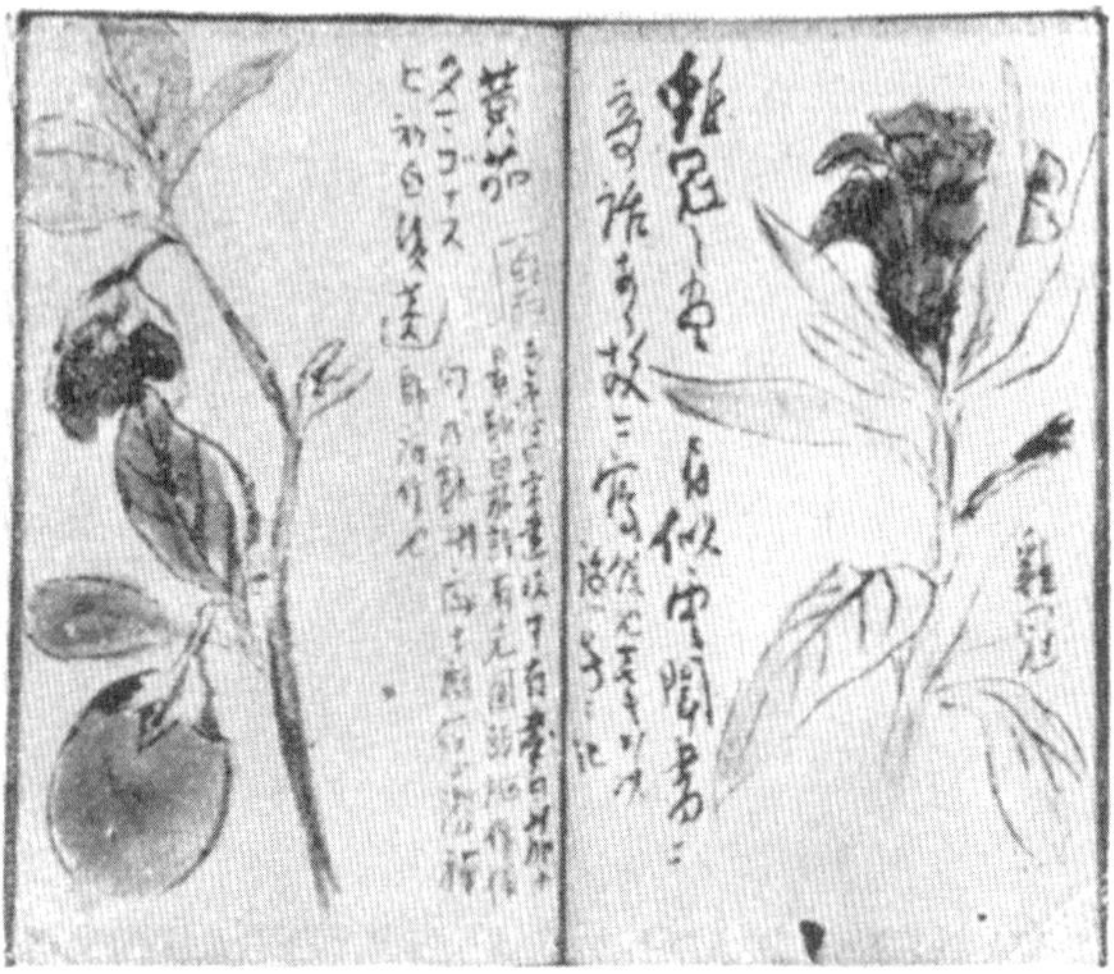

鶏冠・黄茄（明治40年）

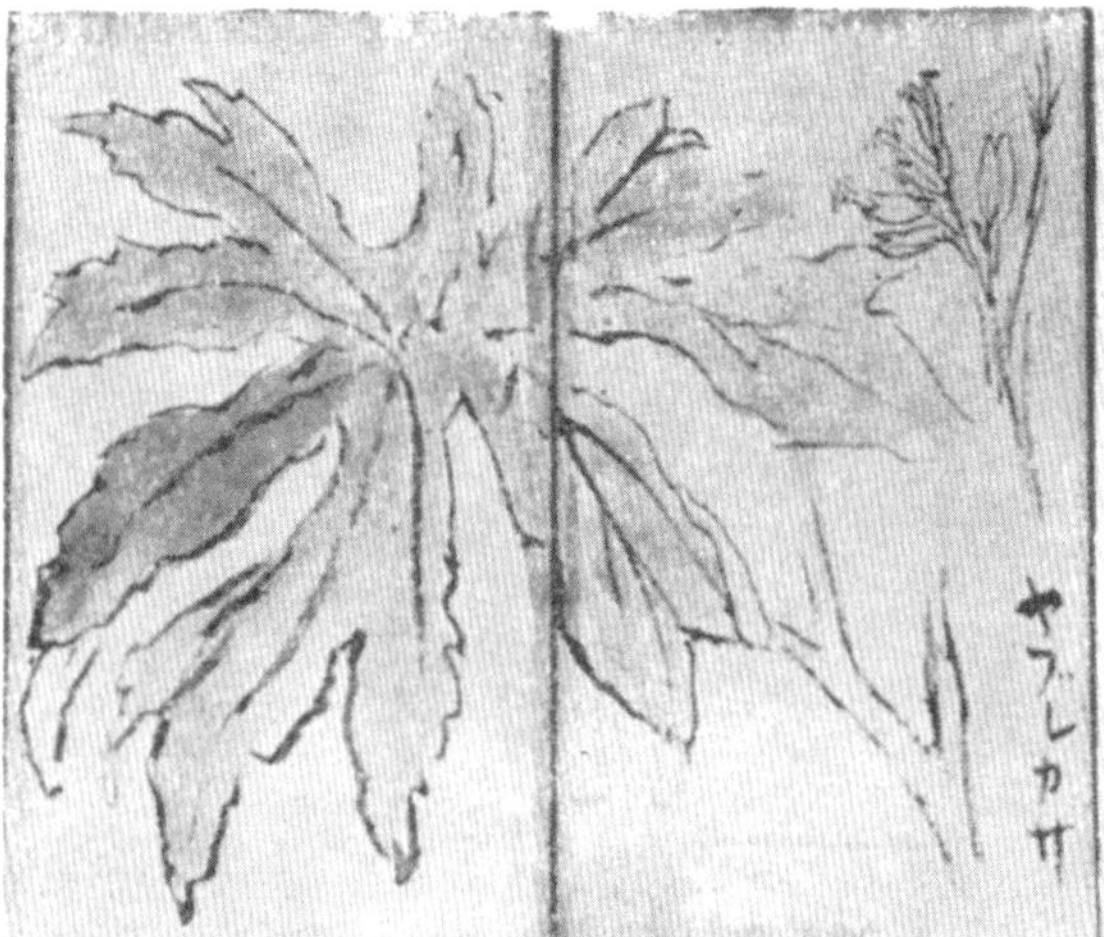

ヤブレカサ（明治40年）

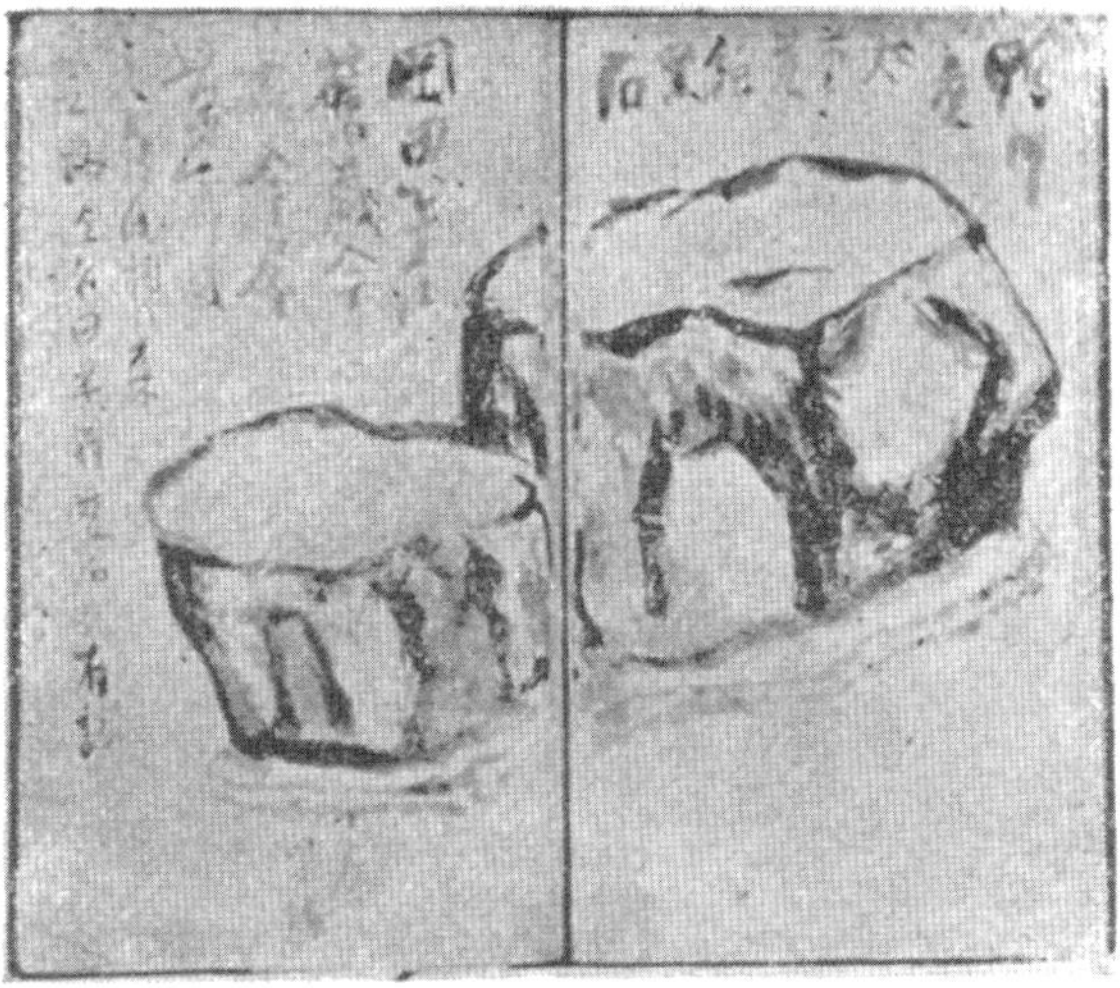

岡田半江旧物，鴨川産純黒石（明治40年）

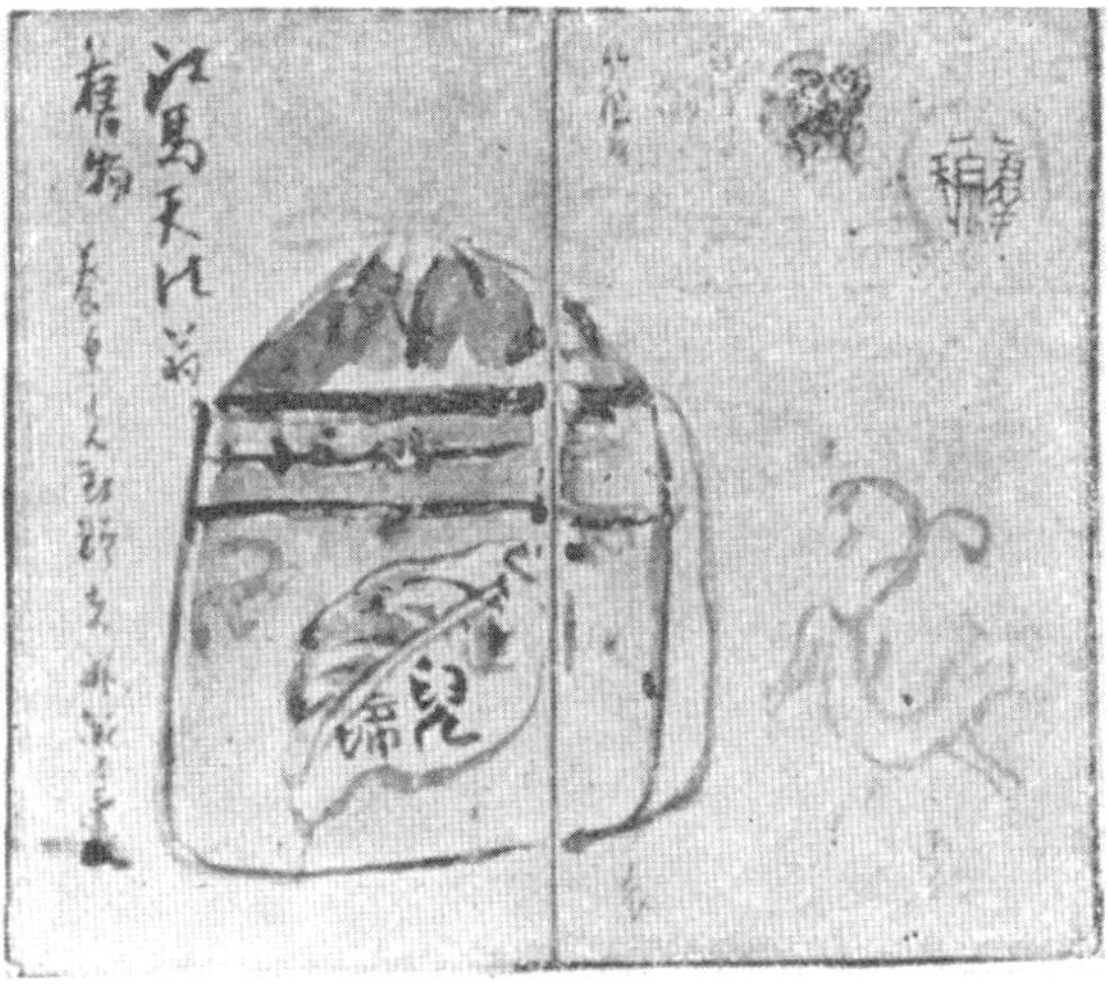

江馬天江翁旧物（明治40年）

来上って献納した。この図はそれぞれ竪二メートル、横一メートルほどの大作で、しかも青緑の非常な密画であった。鉄斎は、このことを記念するために篆刻《てんこく》の名家桑名《くわな》鉄城《てつじょう》に依頼して「天子知名」という印をほってもらった。

九重の恩命、雲を破りて開く。
恭しく画図を献じて不才を愧《は》ず。
拙伎端《はし》無くも天覧を忝《かたじけ》なくす。
薯根の山岳、光を発し来る。

という詩をよみ、知友とその喜びをわかった。

謙蔵京大講師となる

この年、一人息子の謙蔵が京都帝国大学文科大学講師に任命された。このことも鉄斎にとっては大きな喜びであった。謙蔵は幼時身体が弱かったせいか、あるいは鉄斎が学校教育を喜ばなかったせいか、当時すでに開かれていた小学校には通わず、父から教育を受け、十歳のころには、すでに『資治通鑑《しじつがん》』を読みこなすほどの学力を備えていた。そのころ、後に相国寺《しょうこくじ》の管長になった橋本独山が鉄斎に入門し、白文《はくぶん》の漢籍を試みられて難色を示したところ、鉄斎は「謙蔵でも、このくらいのものは読むぞ」と一喝《いっかつ》したそうである。その後、公卿華族の学校であった平安義黌《ぎこう》に入って普通学科を学び、やがて鉄斎の友人伊藤如石《じょせき》について経学《けいがく》をおさめ、また敷田年治《しきたとしはる》について国語・国文を研究し、内村鑑三《うちむらかんぞう》について名古屋・東京に遊学して英語を学び、また栗田《くりた》寛について国史を学んだ。三十年(一八九七)同志社尋常中学で国語を教え、このころから東洋史を独学、ついで同志社女学校専門部・浄土宗宗立中学校で教鞭をとったが、その学識を押されて、創立草々の京大文科大学に迎えられ、東洋史と金石学を講ずることになったのである。当時、京大講師の月給は三十円であったが、その中の十円を謙蔵は父に贈った。鉄斎は喜んで、後々までその金包みを大切に保存していたが、一家の経済は全く鉄斎の画料に依存していたのであった。

なお四十年(一九〇七)の秋、南都倶楽部で開かれた柳沢淇園《やなぎさわきえん》の百五十年祭に列席するため奈良に行き、四十一年(一九〇八)の十月には、妙覚寺で狩野元信《かのうもとのぶ》三百五十年忌をいとなみ、一詩を賦《ふ》して実成院《じつじょういん》に納め、また十月十八日、白川山の白幽の遺跡に同志のものおよそ十八人と会した。

四十二年(一九〇九)の二月二十日の夜、鉄斎は久邇宮家の宴会から帰って吐血卒倒した。胃潰瘍《いかいよう》であった。このころは、まだ身体がしっかりしていたから、家人はあまり心配はしなかった。はたして四月にいたって快癒した。七月には、もう本願寺で開かれた周芸会《しゅうげいかい》に出席するほど元気を恢復した。四十三年(一九一〇)一月、賀《か》陽《や》宮家の依頼で「人物山水図」を描いた。このころ彼は宮家の依嘱を受けることが多く、翌年(一九一一)には久邇宮の依頼画、大正二年(一九一三)には東久邇宮の「十六羅漢図」、同四年には、伏見宮の「帝舜耕歴陶河浜図《ていしゅんこうれきとうかひんず》」を描いた。なお四十三年(一九一〇)の四月には韓国統監府の依頼で「大禹治水図《たいう》」を描いた。これは横一メートル、竪二メートル余の大作で、この年東京で開かれた第二回東京美術工芸品展に展観された。時の韓国統監は曾禰《そね》荒助《あらすけ》で、鉄斎は彼と親しかったようである。

またこの年(一九一〇)には謙蔵が敦煌《とんこう》出土の経巻を調査するために北京に出張を命ぜられた。彼は四十五年(一九一二)には満洲に、大正三年(一九一四)には北京に、同六年(一九一七)には華中に出張した。彼は、そのたびに画論などの書籍、筆・墨・絵具・紙その他の文房具、あるいは蘇州の菫《すみれ》、西湖の梅や水仙など、鉄斎の喜びそうなものを土産に持って帰った。謙蔵が銅鼓を持って来た時、鉄斎は、これは諸葛孔《しょかっこう》明《めい》時代のものだと大いに喜んで、みずから「銅鼓堂」という印をほった。また蘇《そ》東坡《とうば》像の色々な墨本などは、それを参考にして東坡の肖像画を描いた。また謙蔵は、鉄斎の依頼で、そのころ中国の画人として有名だった呉昌碩《ごしょうせき》に会って、鉄斎のために「東坡同日生」の印をほってもらったこともあった。鉄斎は、ついに中国に遊ぶ機会はなかったが、謙蔵を通じて中国を一層深く知ろうと努めたのであった。謙蔵は、しかし鉄斎以上の中国文化の心酔者で、譚鑫培《たんきんばい》・金秀山《きんしゅうざん》など当時の名優の吹きこんだレコードや、酒・茶その他保存のきく食料品まで持ち帰った。鉄斎は、しかし中国料理には、あまり興味がなかったらしいという。

クルト＝グラーゼルの来訪

四十四年(一九一一)十一月、竹輿に乗って将軍塚に登ったが、この月、ドイツの美術学者クルト＝グラーゼル(Curt Glaser)夫妻が鉄斎を訪れて来た。グラーゼルは、そのころベルリン博物館長であったが、日本美術を研究するために来朝し、鉄斎の作品を見て、それが非常に近代西欧美術に近いものであるのに興味を持ち、鉄斎の絵を一二買いこみ、人を介して面会を申しこんで来た。息子の謙蔵は、西洋人などに鉄斎の絵は分るまいと、なかなか鉄斎に会わせることを承知しなかったが、是非ともというので、ついに折れたのであった。鉄斎にとっては、自分の絵を愛好する外国人が、非常に珍らしく感じられたのであろう、写真・扇面・詩をグラーゼルに贈った。グラーゼルは、その翌日英文の礼状を鉄斎に送ったが、鉄斎はそれを筆記帖の中に貼りこんで大切に保存していた。グラーゼルは帰国すると、レンブラント画譜一巻・彩色画譜十帖・耶蘇《やそ》一代画帖などを贈り、また鉄斎が耳の遠いのを見て、グラモフォンという補聴器を送って来た。鉄斎はこの贈物を大そう喜んで、「其の厚意、実に大なり。余の補益《ほえき》を西画に得るも、また少からざる也」と書いている。その後、第一次世界大戦があって、グラーゼルの音信はとだえたが、大正十一年（一九二二）、ふたたびベルリンから見舞の手紙をよせた。グラーゼルの送って来た補聴器は、送話する口と受話器の間を、糸でかがったホースでつないだもので、対坐して会話するのが便利だったので、鉄斎は死ぬまで、これを愛用し、のち親戚のものがアメリカから電池式の補聴器を土産に持って来たが使わなかった。

羅振玉との交際

そのころ殷墟《いんきょ》亀版獣骨文《はんじゅうこつぶん》の研究で有名な清朝《しんちょう》の学者羅叔言《らしゅくげん》（振玉《しんぎょく》）が京都に住んでいた。彼は清末の乱を避けるため、内藤湖南《こなん》にすすめられて、四十四年（一九一一）

来朝、大正八年(一九一九)まで滞在した。鉄斎は息子の謙蔵を通じて彼を知り、四十五年(一九一二)二月田中村の寓居を訪い、夏《か》仲昭《ちゅうしょう》の墨竹巻《ぼくちくかん》など秘蔵の書画を見せてもらい、また金粟山蔵経紙《きんぞくさんぞうきょうし》を贈られた。翌月、ふたたび訪問し、画山水数十幅を見たが、それらは鉄斎の眼から見れば「皆信ず可からざるに似たり」であった。その日は一緒に詩仙堂に遊んで酒を飲んだりした。彼はまた羅に依頼して印をほってもらった。大正四年(一九一五)の八十歳の賀には、殷墟出土の亀版三十六枚や詩聯などを贈られた。羅振玉も、しばしば鉄斎の自宅を訪問して、鉄斎の持っている珍しい古書を借りたりした。二人の会話は筆談で行われた。大正八年(一九一九)、羅の帰国の際は、左阿弥《さあみ》楼で開かれた送別会に八十四歳の老体を押して出席したほど、二人の交情は親密なものがあった。

なおこのころには、鉄斎の先輩にあたる人たちは、あらかた死亡していたし、同年輩の友だちも次第に少なくなっていた。その代り謙蔵の友人である内藤湖南・

狩野直喜・小川琢治・新村出・吉沢義則・鈴木虎雄・島文次郎・山本竟山・上村閑堂・長尾雨山などが謙蔵を訪問して来ることが多かったから、鉄斎もこれらの学者・文人と会って清談するのを楽しみにしていた。鉄斎は難聴者だったが話好きだったので、興が乗ると顔を紅潮させて、身体を乗りだしながら、せきこんで話をした。また鉄斎は学者だったが詩文は得意ではなかったので、はじめは小野湖山・谷鉄臣・江馬天江・宮原節庵・市村水香・中村確堂などに添削してもらっていたが、このころには長尾雨山に見てもらっていた。

大正二年(一九一三)の四月、大阪の中村梧一が、高島屋呉服店で、その蒐集した鉄斎作品百余点を展観して、『鉄斎画賸《がよう》』という画集を出版した。内藤湖南がその序文を書いた。これは鉄斎の画集としては最初のものであった。四月、晋の王羲之《おおぎし》が永和九年蘭亭修禊《らんていしゅうけい》の雅会を開いてから千五百六十年に当るのを記念して、同志とともに東山天授庵に羲之の霊を祭った。六月、高芙蓉《こうふよう》の百三十年忌に出席したが、秋、堀河端の瑞光院の襖《ふすま》に大石山科《やましな》閑居図十二枚を描いて寄贈した。これは瑞光院に赤穂義士の墓があるからである。十二月、南座において中村雁次郎が「英一蝶北窓画談《はなぶさいっちょうほくそうがだん》」を上演したので見物した。もちろん科白《せりふ》はきこえないので、簡単な台本を作ってもらって観劇した。翌年にも雁次郎・魁車《かいしゃ》の演じた「渡辺崋山」を見物した。

大正三年(一九一四)の五月、西宮の辰馬《たつま》悦蔵の別邸に一月ばかり滞在して、「阿倍仲麿明州望月図」・「円通大師呉門隠栖図《えんつうだいしごもんいんせいず》」六曲屏風一双の大作を描いた。この時七十九歳だったが、非常な元気で、屏風の上に渡した板の上を走るような勢いで描いていったので、絵具を溶く手伝いの者が間に合わぬぐらいだったという。また余力を駆って襖四枚に水墨山水を描いた。八月、長野県飯田の矢高濤《なみ》重郎の依頼で金地六曲屏風一双に水墨で「五福図」・「蓬萊仙境図」を描いた。これは中々骨が折れたので、鉄斎もこりごりした。鉄斎はこれまでかなり多くの屏風画を描いたが、この後は決して屏風画を制作しなかった。この冬、明《みん》末清《しん》初の大画人石濤《せきとう》の描いた「東坡《とうば》詩意《しい》図帖」を見て感動し、それを模して「掃塵《そうじん》画帖」を作った。石濤のこの画帖は、彼の作品の中でも特に優れたもので、非常に繊細なものであるが、鉄斎の模写は、いかにも鉄斎らしく筆太の力強いものになっている。こんな老年になっても、鉄斎は勉強を少しも怠らなかったのであった。

一三　晩年の日常生活

大正四年(一九一五)鉄斎は八十歳であった。七十代の末に彼の芸術は、すでに古典的な完璧さに到達していたが、八十代になるとますます自由奔放になり、いよいよその美しさを加えていった。どんなに偉大な天才でも、この年になると大ていは腕が下がるのが普通であるのに、鉄斎だけは、いよいよその感能が若々しくなっていったのは不思議であった。折柄、第一次世界大戦が勃発し、日本は優勢な連合国側に立ち、しかも戦場から遠く離れていたので、経済界は未曾有《みぞう》の繁栄を呈した。したがって美術界も空前の盛況で、新しい美術運動が活潑に展開され、新進作家たちが次々に抬頭し、新画の売行もさかんであった。そうした情勢にともなって、また鉄斎の長寿をめでたいというので、彼の作品を求める人々は急激に増加して来た。鉄斎の絵の市場価値は急上昇を示し、したがって鉄斎の収入も月数千円に達するに到った。

住居

しかし鉄斎は依然として清貧時代さながらの質素な生活を続けていた。薬屋町の邸宅は、奥行二十五メートル、幅四十数メートルばかりあって地所こそ広かったものの、家屋は明治十五年(一八八二)に買ったものに少し建てましをした程度の、ひどく手狭で古ぼけたものであった。この地所の北寄りにある母屋《もや》は、玄関と内玄関がそれぞれ三畳、座敷と居間が八畳、それに四畳半と三畳の部屋が一つずつあり、台所は五畳であったが、ここに謙蔵夫婦とその子供四人が住み、外に女中が三人いたから、はなはだ窮屈であった。母屋の南東に鉄斎夫婦だけが住んでいる「御隠居」があったが、それは昔買った当時、藁屋・敷瓦の部屋だったのを瓦屋根畳敷に改めた八畳の座敷と、その南に六畳の居間、居間の南東に八畳ほどの画室、ほかに一畳の仏間と板張りの台所があるだけであった。隠居の台所の入口

画室無量寿仏堂における鉄斎夫妻（大正10・11年頃）

は、洗濯場をはさんで母屋と続いていたが、夜は、それぞれの戸をしめて往来は出来なかった。六畳の居間の西北の隅に掘炬燵《こたつ》があり、この部屋が寝室で、冬には炬燵をはさんで鉄斎は東枕、妻の春子は南枕にやすんだ。便所はこの部屋の外の濡れ縁の右手にあったが、電燈の設備は八畳の座敷だけで、居間にも画室にも便所にもなかった。老人のことだから、夜中にもしばしば便所に起きたが、燭台に火をつけて、雨戸の潜戸《くぐりど》をあけて行くのだから不便なことであった。ある時、鉄斎がマッチをすると、箱のマッチ全部が燃え上って、春子があわてゝてもみけしたこともあった。

庭園

「御隠居」の南に庭があったが、一面の竹藪で、桜・梅・巴旦杏《あめんどう》・無花果《いちじく》・柘榴《ざくろ》などがおいしげり、藤や、のうぜんかつらや、郁李《にわうめ》や豆葛《まめかずら》が勝手気ままに枝から枝へはびこっていた。自然に反して木の枝をまげたり、刈りこんだりすることは鉄斎の好みではなかった。枝をかわして、ほしいままに茂りあって成長する姿を見るのが好きで、他人が見れば一見うっちゃり放しに見える一木一草も、鉄斎が朝夕愛情をこめて眺めていたものであった。木でも生命のあるものだからと言って、庭の草木を折り取ることを孫たちに禁じていた。

日常の習慣

朝は家内の誰よりも早く起き、庭づたいに門のかんぬきをはずしに行って、新聞を取って来た。顔を洗うと、春子とともに画室の南の庭に出て、伊勢神宮を遥拝し、神主時代にきたえた低いがよく透る声で祝詞《のりと》をあげた。ただ歯がないので、文句はよく聞きとれなかった。春子も鉄斎にならって祝詞をあげたが、生れつき声が大きいので隣近所にも、よくひびきわたった。それから四方の神仏を拝し、仏間に入って祖先の位牌をおがみ、朝食をとった。朝食をすませて朝日新聞と日出新聞を隅から隅まで眼を通した。それから画室に入るが、そのうちに謙蔵夫妻や孫達が朝の挨拶に来た。朝食から昼食まで、昼食から夜食までは、外出したり来客があったりする時以外は、画室で制作するか、あるいは読書に時を費した。ただ盛夏の候だけは、一時間ばかり昼寝した。最晩年には午前と午後、二回入浴した。書庫には、日に何度となく鍵をぶら下げて往来し、書物を取り出して来た。画室には電燈がないので、夏のほかは仕事は割合早く終った。一日の仕事が終ると、六畳の居間の濡れ縁のはしにある銅張りの流し台で筆や絵具を洗った。沢山ある時は隠居番の女中が洗うこともあったが、水を大切にする鉄斎は、よく庭前の鉢植えに筆洗《ひっせん》のうす黒い水をそそいでいた。早い夕食をすますと、電燈のある八畳の座敷の真中に机を持ち出し、鉄斎は西向きに坐り、昼間読んだ書物の中から興味のあるところや大切なところを帳面に写して、感想を書きこんだり、新聞記事や広告の切抜きをはりこんだ。その帳面は美濃半紙を自分で綴じたのや、謙蔵が北京で作らせたもの、文房具屋に作らせた和綴の冊子、また小学生の使うザラ紙のノートなど、さまざまであったが、その数は数百冊に及んだ。春子は鉄斎と向いあって机を置き、短冊や和歌の整理をした。それも八時になると打ち切って、寝所に入ったが、この時は隠居番の女中も母屋の方に引きあげるので、老夫婦二人きりで休むのであった。ある説によると、晩年の鉄斎は十八—九の若い女中を身近に置き、夜寝る時は鉄斎の床の足もとに丁字形に女中の床をしいて休ませた。それだから鉄斎の絵は晩年まで若々しかったので、その女中が嫁に行ってからは、鉄斎もさすがに淋しそうだった、などと伝えているが、これは全く根も葉もない作り話である。隠居番の女中は朝来て、夜は母屋に帰り、膳の上げ下げなど手伝いはしたが、鉄斎の身辺のことは、みな身体の達者な春子がした。鉄斎

鉄斎とその家族（右より嫡孫益太郎，謙蔵未亡人とし子
鉄斎，孫女夏枝，孫女冬野，妻春子）

がたまに女中を連れて書庫に探しものに行き、少し時間が長くかかると春子は非常に腹を立て、大声でわめきちらしたという。孫の益太郎の話によると、春子は恐るべき妻であったそうで、長寿法の秘訣として、若い女性を鉄斎の身辺に侍らせるというようなことを、絶対に許す筈がなかった。また一説に、鉄斎は華族出身の上品な女を妾にしていたなどと言うが、これもひどいでたらめであることは

言うまでもない。妾どころか、鉄斎は執事も置かず、別荘一軒持たなかったのであって、当時の画家で、こんな質素な生活を送ったのは、鉄斎ぐらいのものであった。

食事

鉄斎の床の枕もとの左には、いつも行燈《あんどん》がおいてあったが、これは使ったことはなかった。また昼の間は画室で座右に置いていた皮製の枕の形をした鞄《かばん》を枕元においたが、この中には壓紙・眼鏡・御守り・宝丹《ほうたん》・十八丸などが、はいっていた。鉄斎は平素、神符や御守りを大切にしていた。また宝丹をよく呑んだ。

鉄斎は七十歳のころから、熱い粥《かゆ》を常食にして、それが冷めぬように火なしこんろに入れておいた。ところが春子の方は、若いものが閉口するくらいの硬い飯が好きだったので、台所の手数が大へんだった。菜《さい》は刺身、野菜や魚は特別から く煮付けた。小芋が好きだった。また、うなぎとそばが好物だった。孫娘が学校で料理を習うようになって、スィート=ポテトや空也《こうや》豆腐を作ってすすめると、何とか悪口をいいながら喜んで食べた。給仕されるのがいやで、いつも一人で食べていた。若いころは酒も相当飲んだらしいが、晩年には酒も煙草もやらなかった。ただ、よそで酒を出されると、快よく一－二杯は飲んだ。飲むとすぐ真赤になった。菓子は餡《あん》の入った甘いものはきらいで、あんぽんたんという砂糖をかけた軟いあられを円い罐に入れて身辺に置き、小さい孫達が遊びに来ると手に入れてやった。また伏見の駿河屋の白ういろうがすきで、わさび醤油をつけて食べていた。また日に二度、牛乳を熱くわかして飲んだが、白い鬚によく、牛乳のゆばがくっついていた。

服装

鉄斎の服装は純和風で、シャツも着なかった。夏はかたびらを着たが、ゆかたは着なかった。冬は被布《ひふ》を着た。黄《き》八丈《はちじょう》の着物が、よく似合った。非常に行儀のよい人で一日中きちんと正坐していたが、また一面無頓着で、着物がはだけて股や膝頭が丸見えになっていても、平気で澄まして人と話をしていた。大体着物の着方がだらしがなく、何時でも帯がずるけ落ちて来そうであった。着物も新しいのは一日ぐらいで、絵具や墨をつけ、また書庫の埃だらけの中で探しものをするので、すぐ汚してしまったが、一向にそんなことは気にしなかった。かと言って決して無趣味ではなく、謙蔵の妻のとし子が帯や着物を取りかえても、目ざとく見つけて、その色はよいとか、いけないとか批評した。着物の色や柄は派手なものを好んだ。外出の時は、独特な烏帽子《えぼし》をかぶり、十徳《じっとく》を着て、自分の背丈《せたけ》ほどもある竹の杖に中国製の刺繡《ししゅう》をした袋をぶらさげて携えて行った。白髪・白鬚《はくせん》の老人がそのような異様な服装をして歩くので、かなり人目をひく風体にちがいなかったが、当人は一向平気であった。二人曳きの人力車に乗って出かけたが、のち自動車が普及するようになってからは、中年の運転手の操縦するハイヤーに乗った。鉄斎は何にでも絵や字を書くのが好きだったから、桐下駄にまで焼絵を描いてあった。防寒外套の裏の絹には諏訪湖の風景が描いてあったし、夏の昼寝用の蒲団には墨竹が描かれていた。その外、書物は勿論のこと、眼鏡のサック・手《て》提鞄《さげかばん》・文鎮・筆の軸など身のまわりのものに、墨や金泥《きんでい》や漆で字を書いてあった。また印のサックや、小さなボール箱に、古代裂《こだいぎ》れや金襴《きんらん》の端《は》切《ぎ》れを貼りつける手細工もよく作ったが、その手付きがいかにも無器用なので、どうしてそのように不器用な鉄斎が立派な絵を描くことが出来るのか、家族のものは不思議がった。

鉄斎は昔の人としては小男というほどでもなかったが、長年の間前かがみになって絵を描いたせいか、少し背中が円くなっていた。体重は明治三十六年(一九〇三)六十八歳の時、長野県姨捨《うばすて》駅で汽車を待つ間に計ったところ、十二貫八百あったと記録の中に書いてあるが、八十を越えてからは、はるかに軽くなっていたであろう。ある時、年のせいで褐色の班点の出来た手首の皮をひっぱって孫の益太郎に見せ、「年をとって、みいがなうなったんじゃ」と言ったが、それが一寸ほども延びるように見えて益太郎は驚いたという。痩せてはいたが、年のわりには背中の肉づきなどはよかった。かなりうすくはなっていたが真白な髪をオール＝バックにしており、白い髯は透き通っていた。血色がよく、赤いうすい唇をしていた。やぶにらみの眼はどこか遠くを見ているようで、微笑するとやさしかったが、孫たちが居ずまいをくずしていると、黙って厳しい目つきをするのが、こわかったという。全体に仙人のような感じで、晩年の鉄斎の顔は美しかった。耳は大へん遠く、右の耳は完全に聴力を失っていたが、左も傍で大声を出さないと通じなかった。若いころは疳癖が強くて妻の春子も困るようなことがあったが、老年の鉄斎は長年の修錬の結果、外柔内剛《がいじゅうないごう》、一見すると大人しい老人だったが、強情で鋭い一面は残っていた。

春子との関係

　春子は恐るべき妻だったが、鉄斎は別に恐妻家ではなかった。春子は何か気に入らぬことがあると、紙に不満なことがらを書きつけて鉄斎に突きつけた。鉄斎はつんぼだから言い争いは出来ず、耳もとで大声で叫んでも、いやなことは聞えぬふりをするので、結局筆談で夫婦喧嘩をする外はなかった。そんなとき、鉄斎は何やらぶつぶつ怒っていたそうである。トルストイは晩年、妻のソフィヤと仲が悪かったが、鉄斎もそれほどではないだろうが、時々春子と衝突したのであった。彼は晩年も、さかんに書物を買いこむし、新聞で困窮者の記事を読むと、新聞社を訪れて、名前も告げずに義捐金《ぎえんきん》を出すようなことがしばしばだったから、自分の自由になる金が必要で、春子に内緒で書庫の中に金をしまっていた。鉄斎と春子の夫婦喧嘩はおそらくそんなことが原因になっていたのであろう。

謙蔵との関係

　鉄斎と息子の謙蔵は非常に仲がよかった。謙蔵は多感で、義理がたく、正義感が強く、疳癖の強いことは、若いころの鉄斎に、よく似ていた。しかし几帳面《きちようめん》で整頓ずきな点は鉄斎とちがっていた。たとえば鉄斎の持っていた本は、墨くろぐろと書入れがしてあり、手垢《てあか》だらけになっていたが、謙蔵の持っている本は何度読んでも折目一つついていないという風であった。謙蔵は毎朝鉄斎の御機嫌うかがいに行き、外出して夜おそくなるような時には、必ず行先きから電話をかけて来るという風に、こまかく気をつかった。鉄斎が書を書く時は、そばに附添って、いかにもたのしそうに手伝いをしていた。明治三十年代の末から謙蔵は、鉄斎の書画の依頼者との交渉を一手に引受けていたが、京大講師になってからは、丹念な人なので毎週講義のプリントを作るため非常に多忙な学究生活を送るようになったので、その労苦は大へんなものであった。このころには鉄斎の作品は非常に高くなっていたから、生活のためにそれほどあくせく働く必要もなく、また次第に年を取って来る鉄斎の健康のことも心配して、謙蔵は極力新しい依頼者をことわるようにした。一面識もない人の贈物や、画の依頼と察せられる書留郵便や、無断で送って来る鑑定や箱書依頼の荷物などは、そのまま返送したし、悪徳新聞記者の強請《ゆすり》や、書画屋の依頼も容赦なくことわった。また鉄斎の昔の知人やその子供などが、昔の縁故で鉄斎に面会を求めて来たり、作品の依頼に来ても、ことわることが多かった。それで、「鉄斎は誰にでも会えば、すぐ絵をやってしまうので、道楽息子の謙蔵が、それでは金にならないので、なかなか会わせぬようにしているのだ。」などと言いふらす者も出る始末だった。それでも依頼が減らないので、これまで依頼者の心持次第で一定していなかった画料を、画幅の大小に応じて最低基準をきめたり、玄関に清《しん》の鄭板橋《ていはんきょう》が、書画の大少によって潤筆料を規定し、贈物は品物より金にかぎるときめた潤筆規定の墨本をかかげたりしたが、これは一部の人から悪口の種にされただけで、肝心の依頼者の減少には一向役立たなかった。ついに苦肉の策として、謙蔵は玄関に「書画用にての来訪者に申告す」という一文をかかげた。その中には「一、老父は概して御面会不㆑仕候。一、小生寒風暑風、雨の折、持病発作、且学事繁多に付、往々御面接を謝する事可㆑有㆑之候。一、旧作の鑑定、箱書等御断、故無き進物は謝絶。一、一度謝絶したることは再び取次不㆑申候。」と書いてあった。それでも毎日玄関では、依頼者をことわる女中と依頼者の押問答がくりかえされ、半時間以上も玄関に坐りこんで帰らぬ人も珍しくなく、あまりくどくど言って帰らぬ者があると、奥の部屋でそれを聞いていた謙蔵は辛棒が出来なくなって、部屋の中から大喝《だいかつ》を食《くら》わせることがあり、こんな目にあった人たちは謙蔵の悪口を言いふらしていた。謙蔵は、その欝憤をはらすためか、「俺は気に食わんやつを、みな撲殺する大日本撲殺会の会頭だ」と冗談《じょうだん》に言い、息子の益太郎を副会頭に任命した。依頼者の持って来る謝礼は、謙蔵が領収書を渡して保管し、毎月入用の金をその中から使い、鉄斎夫婦には毎月小遣銭を持って行った。また依頼者が謝礼金とは別に、御菓子料として金一封を添えて来ることがあったが、この金は鉄斎に渡す習慣になっていた。それならば、鉄斎が得た毎月数千円にのぼる揮毫料は何に使われたかというと、それは主に謙蔵の研究費に使用されたのであった。謙蔵は鉄斎以上の古書蒐集家であった。鉄斎は珍らしい古書を沢山持っていたが、特に高いものは持っていなかったし、ま

謙蔵の蒐集

た買いもしなかった。昔の作家の書画にしても、そうであった。ところが謙蔵は父の資力に助けられて、後に国宝に指定された敦煌《とんこう》出土の『景教《けいきょう》一神論』、唐代古写本の『王勃《おうぼつ》集』『毛詩《もうし》正義《せいぎ》』、重要美術品に指定された『永楽大典』、宋版『新編翰苑《かんえん》新書』『栄花物語』『新葉和歌集』『古今和歌集註』『異本枕草子』などの高価な善本を、どしどし買いこんだし、また当時研究に熱中していた漢代の古鏡や、清朝の王時《おうじ》敏《びん》・王鑑《おうかん》・王翬《おうき》・王原祁《おうげんき》・呉歴《ごれき》・惲南田《うんなんでん》らの有名画家の作品を手に入れた。鉄斎は学者ではあったが、その学問はむしろ雑学で前近代的だった。それに比較すると謙蔵の学問は一そう近代的で、科学的・体系的であった。鉄斎は謙蔵の学問が大成して行くのを非常に喜び、少しも金を惜まなかったのである。

孫たちとの関係

鉄斎は孫たちを抱いたり、あやしたりすることはなかったという。もっとも一番年上の孫女弥生《やよい》が幼稚園に通っていたころは、今出《いまで》川《がわ》寺町辺まで手をひいて送り迎えをしていたという。孫たちが画室に遊びに来ると、何時でも歓迎し、仕事をしている時でも傍に坐ってじっと見ているのを許した。退屈させまいと思ってか、よく有合せの紙に絵をかいてやった。お手本を下さいと言えば、唐紙《とうし》の八つ切に四君子を描いてやった。すぐ無くして新しいのをねだっても、いやな顔をせず、何枚でも書いてやった。ある時、孫女の冬野が、蠟引きの紙を四つ折にして綴じた手帳を持って遊びに行くと、冬野の描いた絵を見て「わしも描いてやろう」とベタベタ真黒な人の姿を描き、「人が電話をかけている所じゃ」と得意そうに笑って返してやった。孫たちが帰る時には「いや、何のお愛想もなしに、大きに失礼した」と、まるで大人に言うように、いんぎんに挨拶した。しかし、風呂場に行く途中で孫の益太郎に会うと、ひょいと、おどけた格好をしてみせることもあった。以前は、うすぐらい所に玩具の蛇をおいて家人を驚かすようなこともあった。鉄斎はまた人の志を非常に大切にする性で、孫たちが旅行に行って、つまらない玩具などを土産にしても、心から喜んで何時までも大切にしていた。時には箱書までしてしまっておいた。そのため画室は何時でも、知らない人の目には何の価値もないがらくたで一ぱいになっていた。これは何時誰がくれたもの、あれは何時誰が送ったものとみんな覚えていた。自宅の二丁ばかり上に福良神社があり、月の六日と二十七日が縁日で、自宅の近所から今出川通りまで夜店がならんだが、鉄斎は孫たちと参拝かたがた植木屋をひやかしに出かけた。白なすび・トマト・鳳仙花《ほうせんか》・茘子《れいし》の苗は毎年必ず買うのだった。鉄斎は杖の先きで欲しいものを指し示して、植木屋と直接談判を開始した。耳が遠いから女中や孫たちが植木屋の言う値段を大声で取次いだ。値段が折合わぬと鉄斎は頑強に譲らず、「それでは、また後にしよう」と立ち去る振りをする。植木屋が、あわてて妥協を申込むと、鉄斎は渋々ながらと言う顔をして立ちどまった。夜店商人は、なかなかずるかったが、鉄斎も負けていなかった。孫たちが草花の苗などを買おうとすると、「いや、わしが一緒に払うておく」と、腰に下げた巾着《きんちゃく》から金を出してやった。福良《ふくら》神社では二銭銅貨を一つ巾着から出して賽銭《さいせん》にあげ、鈴を鳴らし拍手をうって丁寧に礼拝した。夜店で買った苗は庭の隅の畑に植え、日に何度も見に行って筆洗の水をかけたりした。本草《ほんぞう》学に興味のある鉄斎は、そうした草花を、よく写生した。

そのころ、一家をよく祇園《ぎおん》の一力《いちりき》に招待してくれる知人があった。孫たちは舞《まい》妓《こ》と鬼ごっこをしたり、かくれんぼをして飛びまわって遊んだ。上座にすえられた鉄斎は、にこにこ上機嫌で、それを見ていた。芸者に対する鉄斎の態度は上品で、さらさらしていながら興のあるものだった。孫女の冬野は、ある時祖母春子に「おじいさんも、お若い時は遊んだりしなさったのかしらん」とたずねたが、春子は「ああ、それはたまにはね。島原で二日も三日もいつづけて、もどっておいでにならなんだこともある。お友達と会があったりしたもんじゃから」と少し当惑したような顔で答えた。

鉄斎の誕生日の十二月十九日は、先祖の以直《いちょく》の忌日でもあった。その日には、石門黌舎《せきもんこうしゃ》の人々が鉄斎の家に集り、祭りを行った。「倹ヲ勤ムルハ治家之本」という朱子の語を以直が書いた書を床間にかけ、大あられ・饅頭《まんじゅう》・蜜柑《みかん》を供物にあげ、以直と門人の問答を筆記した『接得《せっとく》』という冊子を鉄斎が朗読するのを聞き、おのおの参拝して、その後で祖先の祭りと鉄斎の誕生祝いをかねた会食をするのが例であった。黌舎《こうしゃ》の同人の家々は、たがいに親戚として交際し、冠婚葬祭には厳重なしきたりがあり、極端な男尊女卑で、のち謙蔵が死んだ時、その葬儀には妻のとし子や娘たちの列席を許さぬということで、一騒動あったそうである。

来訪者たちは、鉄斎を老先生、謙蔵を若先生、春子を老奥さん、謙蔵の妻とし子を御新造《ごしんぞ》さんと呼んだ。春子は家族の者に鉄斎のことを先生、または、おでいさんと言った。おでいさんというのは公卿言葉である。鉄斎も孫たちには自分のことを「おでいさんがなあ」と話すことがあり、春子のことをいう時は、「春子が」と言い、また「ばば」ということもあったそうである。

為恭《ためちか》の模写した「真言八祖行状絵図《しんごんはっそぎょうじょうえず》」を貼りつけた襖《ふすま》で仕切った画室は八畳ほどあったが、その中は足をふみいれるところのないほど書物が一ぱい積みかさねてあった。そういう、せまくるしい、古ぼけた部屋で彼は悠々と読書三昧《さんまい》にふけり、制作に従事した。画室には女中も入らず、特別の場合でなければ謙蔵もとし子も手伝うことはなく、墨をするのも絵具を溶《と》くのも、みな鉄斎一人でやった。いざ描くとなると、書物を少し片づけて毛氈《もうせん》をしいて、その上で描いた。ある説によると、鉄斎が筆をとってペタペタやり、紙がすっかり濡れてしまうと、女中がそれを物干竿にかけ、乾くのを待つ間に、ごろりと横になって書物に読みふけり、何かその中から画題を見つけると、起き上って、また筆をとってペタペタやり出したと言うが、これは間違いで、鉄斎は画室では女中も使わなかったし、縁側で絵をかわかすことはあったが物干竿にかけたこともなく、また書物を大切にした人だから、寝そべって本を読むようなことは絶対になかったし、同時に二つか三つの絵に着手することはあっても、せわしなく次から次に描いていくというようなこともなかったのである。絹の場合には礬水《どうさ》をしくのは、とし子の役であったが、枠《わく》に張った絹の上に渡し板をおいて、その上に乗って描くのだから、老年の鉄斎にとっては重労働であった。紙の方は、くるくると巻いて、それを二尺ほど伸ばして、上の方から描きはじめ、描き終った部分は上に巻きこみ、しだいに下の方まで描いていくので、この方が楽であった。筆を取っても、しばらくは構図を練って紙に下ろさなかったが、いざ描き出すとなると迅速であったし、書き損じをすることもなかった。最初は淡墨《たんぼく》で主要な部分を一通り描き、次はまた紙の上部から、彩色の場合にはうすい代赭《たいしゃ》や藍を塗り、次第に濃い墨や絵具を加えて行き、最後に宿墨《しゅくぼく》で絵のアクセントをつけて完成した。その間に紙を全部ひろげて、画の全体の調子を見るというようなこともなかった。それは、いかにも「胸中の山水を写す」という言葉通り自由自在のおもむきがあったが、それも長年の修練の賜物なのであった。しかし、水墨の絵でも、幾度も筆を重ねて絵に密度をつけているので、そんなに簡単に出来たのではなかった。また長文の賛を書くには、書物をそばに置いて、それを見ながら息をつめて一心に写していくので、絵を描く以上に骨が折れることであったらしい。煎茶の道具を入れる桐箱や手箱や陶器などに描く場合は、絹や紙よりも難儀で、足腰が痛むことが多く、按摩にもんでもらわなければならなかった。最晩年、新聞に「あんま無用薬」という塗薬の広告が出ているのを見て、欲しそうな様子だったので、孫の益太郎が大阪へ買いに出かけたこともあった。

書の揮毫

鉄斎は中年まで、画家としてよりは、むしろ学者として知られており、絵よりも書を求める人の方が多いくらいであったが、晩年にも書の需要は相当あった。書を揮《き》毫《ごう》するには、取りちらかした画室では、横長の絹や紙をのべる場所もないので、日をきめて八畳の座敷で行った。その日は謙蔵や女中が朝から大きな硯に、たっぷり墨をすり、墨の用意が出来ると、座敷の南よりのところに緋毛氈《ひもうせん》をしき、謙蔵が依頼者の希望している語や鉄斎のえらんだ語を小さな紙片に書いて鉄斎の前に置き、真《しん》・行《ぎょう》・草《そう》の書体にしたがって字体字典で必要な一字ずつを引き出して指先で示すと、鉄斎はそれをちらりとながめ、筆を走らせるのであったが、その運筆は実に素早かった。絹や紙をのべたり、それを押えたりするには孫たちが使われたが、孫たちは鉄斎の神速な運筆に驚嘆するばかりであった。

鉄斎は明墨《みんぼく》や貴重な絵具や紙などを蓄えていたが、特別の場合の外は用いず、普段は上海《シャンハイ》製、または鳩居堂《きゅうきょどう》・古梅園製の上等のものを使った。絵具は緑青《ろくしょう》・群《ぐん》青《じょう》などのいわゆる岩物の外に、代赭や花青のような透明絵具を用いたが、これらは中国製の薄い木片のような絵具で、特に珍らしいものでもなかった。出入りの放光堂という絵具屋が、上等の朱を注文されて持って行くと、鉄斎はそれに提燈《ちょうちん》屋の使うような安い朱を混ぜて使ったので、絵具屋の主人は情ない気がしたという逸話があるが、鉄斎はどんな上等な絵具でも自分の気ままに使って、決して材料に負けるようなことはなかった。筆は中国製の羊毫《ようごう》も使ったが、大部分は京都の筆屋のものであった。絵にも絵筆は使わず、書筆を使ったらしい。紙は玉版箋《ぎょくばんせん》を好んだが、絹は出入りの絵絹屋がきまっていて、依頼者の持って来たものは用いなかった。

鉄斎は若いころは常に「われ一事の為す所無し」と焦燥感《しょうそうかん》に駆られていたが、八十も越すと、さすがに、どっしりと落着いて、悠々と人生をたのしむ境地に、はいっていたらしい。このころの詩に次のようなものがある。

筆墨場中、逸民と為《な》る。
画を売り書を鬻《ひさ》ぎ、閑身を養う。
天公、我に真の清福を賜う。

縉紳《しんしん》に列せず、隠倫《いんりん》に列す。

『荘子』に大椿《たいちん》という木があり、何の役にも立たないので、人に切られることもなく、そのために大樹になるという話があるが、鉄斎は自分の一生をかえりみて、大椿のようなものだと考えていたそうである。しかし、若いころ勤王運動に関係した激しい気性は、晩年になっても決して消え失《う》せたわけではなかった。その長い生涯を通じて、彼は「権門《けんもん》に屈せず富貴に媚《こ》びず」という精神を、かたく守り続けたのであった。

一四　栄光の晩年

大正四年（一九一五）の一月、寿蘇《じゅそ》会《かい》に趙子固《ちょうしこ》の筆になる東坡《とうば》の肖像画を縮写して出品した。鉄斎の誕生日の十二月十九日は、また偶然にも宋の大詩人蘇《そ》東坡《とうば》の誕生日でもあったので、鉄斎は若いころから東坡のことには非常に興味を持ち、東坡の著述は勿論、東坡に関係のある書物は全部集めて持っており、蘇《そ》書寮《しょりょう》・聚蘇《しゅうそ》書院などという号を用い、また呉《ご》昌碩《しょうせき》に依頼して「東坡同日生」という印を彫ってもらって愛用したし、また別に「東坡癖」という印も用いていたほどであるが、長尾雨山の発起で、東坡を記念するこうした会を開き、東坡関係の書画典籍を陳列して、友人の学者・文人に展示したのである。五月、八十の祝に久邇宮から宮家の紋章つき羽織を贈られ、着用を許された。九月、奈良に遊び博物館を見学した。十一月、光悦寺で開かれた光悦《こうえつ》追悼会に出席した。鉄斎は琳派風の作品をかなり描いていて、琳派の元祖ともいうべき光悦を尊敬していたし、その書『蘭《らん》亭記《ていき》』や、『本阿弥《ほんなみ》行状記《ぎょうじょうき》』の良い写本を持っていたのであった。同月、立太子式のお祝に、長寿を祝して木盃を下賜されたので、「天賜寿杯」という印を自ら彫った。彼は篆刻《てんこく》にも趣味があり、かなりの作品を残している。専門家のものにくらべれば勿論素人くさいが、雅致《がち》愛すべきものがある。このころ、庭の一部に木造二階建の書庫を建て、御苑に生えた楓《かえで》を移し植えたのにちなんで賜楓書楼《しふうしょろう》と名付けた。二階には謙蔵の蒐集、一階には、鉄斎の蒐集をおさめた。五年（一九一六）一月、円山左阿弥楼《さあみろう》で寿蘇会を開き、磯野秋渚《しゅうちょ》・山本竟山《きょうざん》・西村天囚《てんしゅう》・羅叔言《らしゅくげん》・内藤湖南《こなん》・狩野君山《くんざん》・上村閑堂《かんどう》・王静菴《おおせいあん》・長尾雨山《うざん》・富岡桃華《とうか》（謙蔵）らと会した。六月、画集『無価宝《むかほう》』が出版された。

六年（一九一七）一月寿蘇会を開いた。六月十一日、帝室技芸員を命ぜられた。これは八十二歳の老学者にとっては、思いもかけぬことであった。六月十三日、京都博物館でこの辞令書を受けとった鉄斎は、家に帰ると卒然一首の戯歌を読んだ。

蝙蝠《かわほり》の門違ひに入来り祝ひの客は市をなすかな

彼は「朝命 忝《かたじけな》し」と感じたが、多少は意外でもあったらしい。彼は筆記の中に次のように書きしるした。

予は少壮より儒学第一に修業せるも、維新後より絵事を専《もっぱら》とせり。然共《しかれども》、此技を用ひて世に出んとは意なく、故に公会場出品等は一回もなし。是は画工を避《さく》る也。是即《これすなわち》、戯歌に門違ひ云々せる也。

帝室技芸員の制度は明治二十二年(一八八九)に発布せられ、そのころの美術界では最高の名誉とされていた。日本画家の中で、これまで技芸員に選ばれたのは、柴田是《ぜ》真《しん》・森寛斎・田崎草雲《そううん》・守住貫魚《もりずみかんぎょ》・狩野永悳《えいとく》・滝和亭《かてい》・野口幽谷《ゆうこく》・幸野楳嶺《こうのばいれい》・岸竹堂《ちくどう》・望月玉泉《ぎょくせん》・荒木寛畝《かんぽ》・川端玉章《ぎょくしょう》・今尾景年《けいねん》・熊谷直彦《なおひこ》・竹内栖鳳《せいほう》・

野口小蘋《しょうひん》などであったが、学者をもって自任している鉄斎は、画工と視られることを嫌っていたから、こうした名誉に与《あずか》ろうというようなことは、夢にも考えたことはなかった。なお、この時、鉄斎と一緒に技芸員になったのは、日本画家の寺崎広業《こうぎょう》・小堀鞆音《ともと》・川合玉堂《ぎょくどう》・下村観山《かんざん》・山元春挙《しゅんきょ》、彫刻家の新海《しんかい》竹太郎、製陶家の伊東陶山《とうざん》・諏訪蘇山《すわそざん》、鍛金家の平田宗幸《むねゆき》、建築家の佐々木岩次郎であった。

帝室技芸員は、その作品を献上する義務があった。ところが、鉄斎はどうしたものか、何度催促されても作品を提出しようとしなかった。これは鉄斎の平素の性格から見ても不思議なことであった。鉄斎は、すでに述べたように、明治天皇から揮毫の命を受けて「神仙高会図」「阿倍仲麿明州望月図」の双幅を献上したことがあった。ところが、この作品は明治天皇の崩後、かたみわけとして誰かに下賜せられ、それが転々として民間に流れ、鉄斎のところに箱書を依頼しに持って来られたことがある。鉄斎は憤慨し、謙蔵は宮内省にねじこんだが、手違いとか何とか言って要領を得なかった。そんなことで鉄斎は、宮内省の役人に不信の念をいだいていたのではなかろうかと推察されている。

西園寺公望との交際

同年十月二十四日、八坂倶楽部で、北京の書店翰文斎《かんぶんさい》が古書画即売会を開いたので、鉄斎も見に行った。ところが、その会場に時の政界で元老とあがめられていた西園寺《さいおんじ》公望《きんもち》が、相国寺の管長橋本独山《どくざん》と一緒に来ていた。鉄斎は、しばらくじっと見ていたが、やがて傍に行って「西園寺様ではございませぬか」と話しかけた。ほとんど五十年ぶりの再会であった。西園寺も、この奇遇を喜んで、その翌日早速鉄斎に手紙を書いた。鉄斎は、この手紙と、五十年ぶりの二人の会見を報じた新聞記事の切抜きを帳面の中に貼りこんで、昔の思い出を細々《こまごま》と書いた。西園寺は一度東京に帰ったが、十一月にはまた京都に来て鉄斎を訪問した。これより二人の交際は非常に親密になり、西園寺は自ら「現身居士《げんしんこじ》」の印をほって鉄斎に贈った。西園寺はヴェルサイユの講和会議に全権大使となって出かけた時、

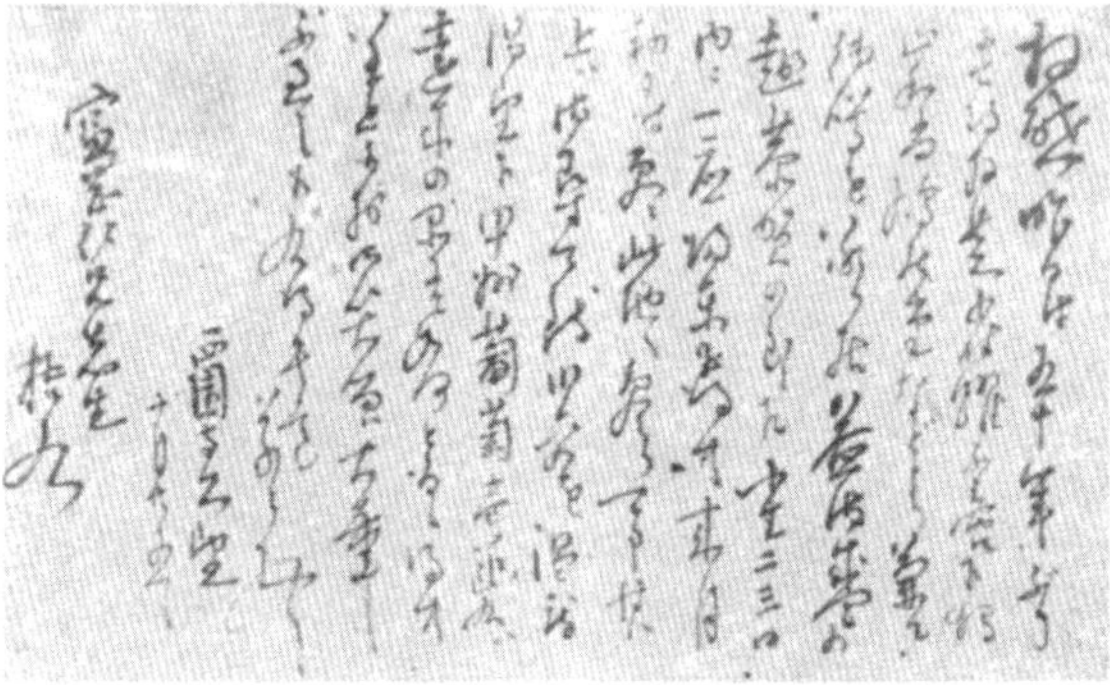

西園寺公望から鉄斎あての書簡

拝啓　昨日は五十年ぶりにて得
拝顔雀躍不啻候　独山和尚・鳩
居堂などより兼て御噂を承り居
益御盛の趣恭賀の至に候　小生
二三日内に一応帰東候得共　来
月初には更に此地へ参り可申
其上は御尋可致　旧交を温度渇
望候　甲州葡萄壹函　右は遠来
の品にて如何と存候得共　呈上
候　御笑留大幸不過之候　右得
貴意　　草々頓首

西園寺公望

十月廿五日

富岡仁兄先生

梧右

コロンボから、びんろう樹の実を鉄斎に送って来た。鉄斎は喜んで、後にびんろう樹の絵を描いて西園寺に贈った。講和会議における西園寺の活躍を報道した新聞記事なども丹念に切抜いて保存していた。ある時鉄斎は、とし子を介添《かいぞ》えにして、西園寺の清風荘を訪問した。玄関に迎えに出たのは、そのころよく新聞に出ていた西園寺の妾のお花であった。座敷に通って人がいない間に、鉄斎は「あれは、お花さんかい」と、とし子に聞いた。「そうです」と言うと、鉄斎は「あんまり別嬪《べっぴん》やないな、あんなんに惚れられたら、西園寺さんもわややなあ」と言ったので、とし子はおかしくはあるし、笑うに笑えず困ったということである。鉄斎は新聞をよく読み、ゴシップずきな一面があった。なお、十一月に皇后が京都市公会堂に行啓した時、今尾景年・菊池芳文・都路華香《つじかこう》・上村松園《うえむらしょうえん》らと御前揮毫した。

七年(一九一八)一月、寿蘇会を開き、万暦《まんれき》刊本によって東坡の肖像を描いた。五月、円山左阿弥楼で鉄斎八十三、春子七十二の祝宴を開いた。九月、石田梅岩が昨年正五位を追贈されたのを記念して、百七十五年忌を石門釁舎の同人とともに催した。ところが、このころ息子の謙蔵が病気になった。胃癌であったが、手術は不可能であった。容態は日に日に悪化して行った。ある日、鉄斎は謙蔵の病室を見舞った。そのころ謙蔵は首筋に大きな肉腫が出来ていて、はっきり物を言うことが出来なくなっていたが、枕元に坐った鉄斎の顔を見ると、他の者が驚いたくらいはっきりした口調で、両親を見送るべき自分が先に立つのは実に残念であるが、このたびは助からぬかも知れぬと思うという意味のことを述べた。鉄斎は、じっと謙蔵の顔を見ていたが、何事も天命と思って心を苦めないようにと言い、やがて隠居所に帰った。それから十日ほどして、十二月二十三日、謙蔵は死んだ。四十六歳であった。葬儀の日には家中のあらゆる場所が、平素見なれぬ人々で一杯になり、謙蔵の子供たちは隠れて泣く場所を見つけることさえ出来なかった。鉄斎のまわりには絶えず数人の画商や新画屋がつきそい、鉄斎が立ちあがると、手を引こうとして五―六人の男がうろうろし、かえって邪魔になるくらいであった。家族たちは不愉快な気持を態度に現わさずにはいられなかったが、鉄斎は黙って辛棒していた。「謙蔵が居らんようになって見ると、わしもまだなかなか、もうろくするわけには行かんわい」と、ある日鉄斎は未亡人になったとし子に語った。

八十三の老齢で、後つぎの一人息子に先立たれたことは、鉄斎にとっては非常に辛かったであろう。しかし彼は、その悲しみにくじけはしなかった。後には十八歳の弥生《やよい》、十五歳の冬野、十二歳の益太郎、八歳の夏枝という四人の孫が残っていた。この孫たちを成人させるために、鉄斎は老軀《ろうく》をはげまして制作に専念した。謙蔵は鉄斎にとって無二の好助手であったが、今度はとし子が代った。鉄斎も次第に老いて行くので、その負担を出来るだけ軽くせねばならなかった。依頼者の範囲をなるべく制限し、謝礼も作品を渡してから後に受け取ることにして、

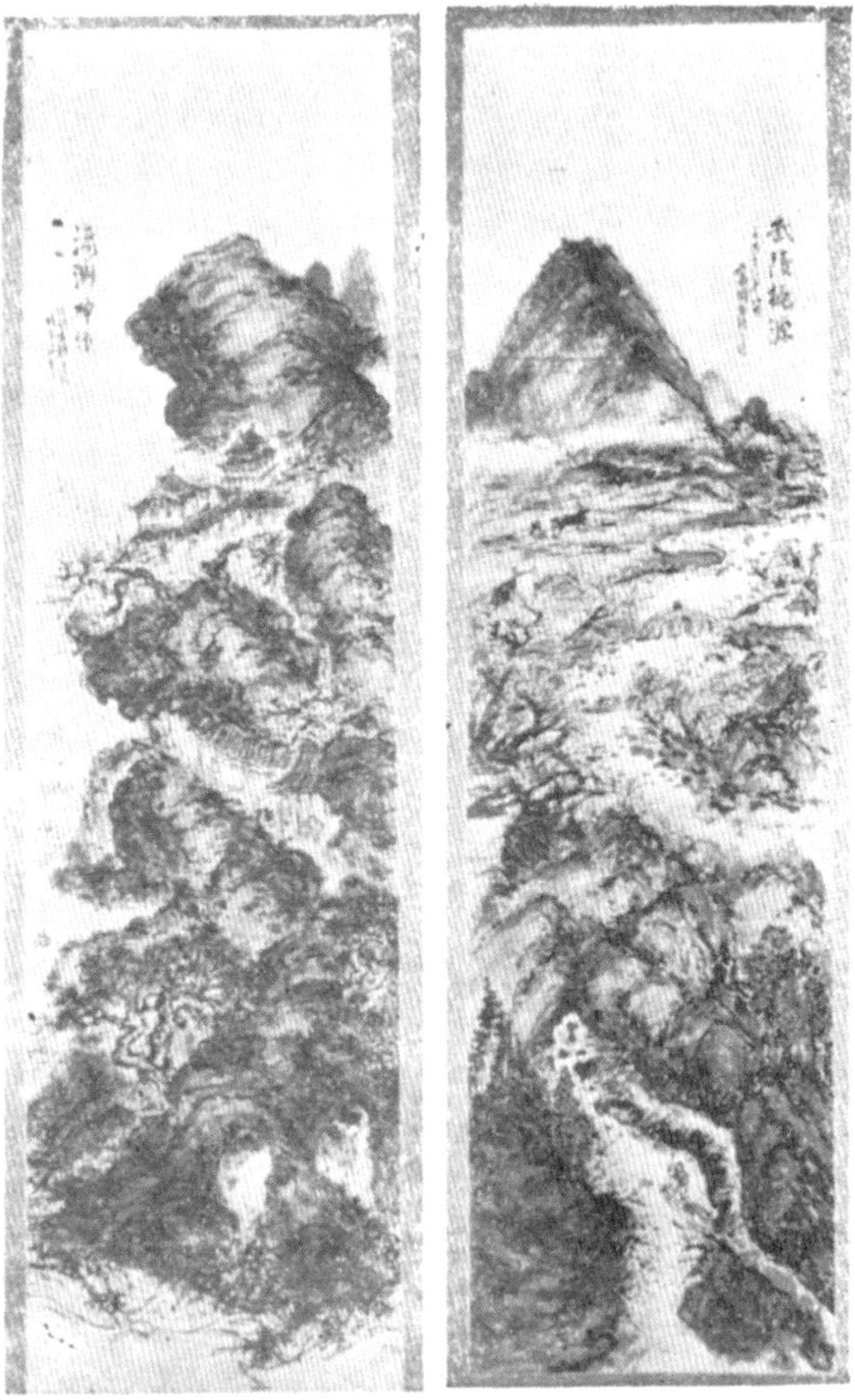

御物瀛洲神境図・武陵桃源図（大正12年）

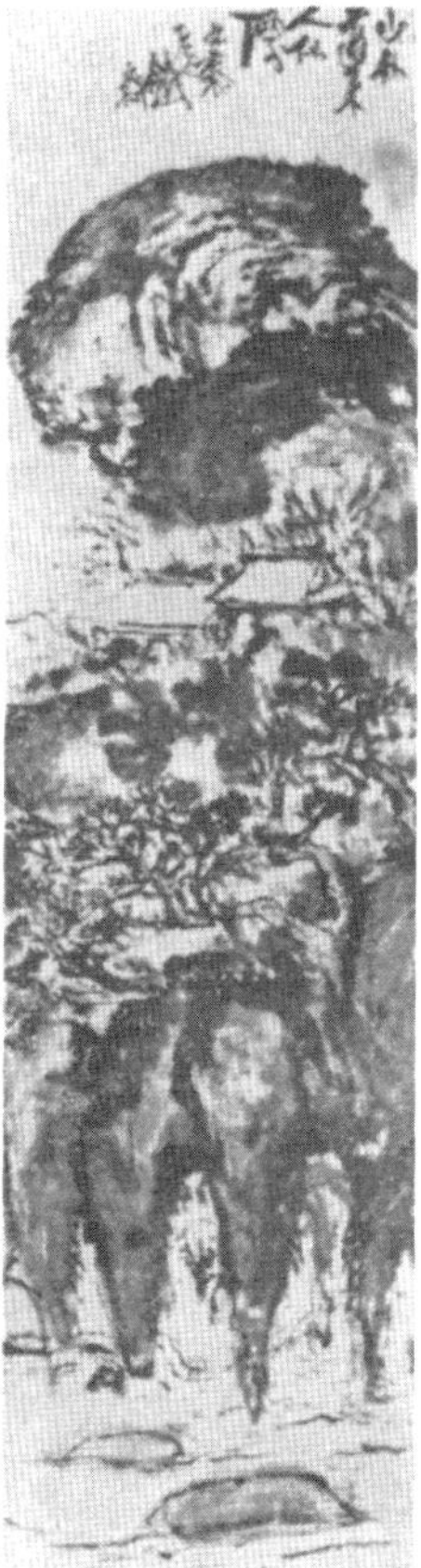

蓬莱山図（大正13年）

質素に暮らすことにした。とし子が謝礼を画室に持って行って、誰それから御礼を持って来ましたと金包みを渡すと、鉄斎はそれを押しいただいて、そのままとし子に返した。とし子は、それを保管して必要なだけ使い、月末に収支のあらましを鉄斎に見せ、小遣いとして百円か二百円を渡した。それで鉄斎は、毎月必要な経費に相当するだけの作品を描いてとし子に渡すと、あとは気のむくままに人に贈る絵などを描いた。謙蔵のいた時分は、ある程度、依頼者の希望する画題を聞き入れており、絹本《けんぽん》と紙本《しほん》の割合も、比較的絹本の方が多く、長寿の鉄斎にめでたい蓬萊山の絵を描いてもらうことは一つの流行のようになっていたので、鉄斎は「また蓬萊山か」と、うんざりするようなこともあった。とし子が事務を取るようになってからは、画題は鉄斎の自由とし、絹本は骨が折れるので、次第に紙本に替えていったのであった。

帝国美術院会員

八年（一九一九）九月八日、帝国美術院会員を仰せ付けられた。これも鉄斎にとっては予想もしなかったことであった。当時は第一次世界大戦が終り、ヴェルサイユ講和条約が結ばれた直後で、経済界はなお活況を呈し、美術界は未曾有の繁栄を享受していた。在野団体では二科会・日本美術院が花々しい創作活動を展開していたが、文展はすでに十二回も開かれて、いくらかマンネリズムにおちいる弊が見られた。そこで政府は、この年、これまでの美術審査委員会の制度と文展をやめ、新たに帝国美術院を組織し、帝国美術院美術展覧会（略称帝展）を開いて、官展に活《かつ》を入れることにした。この時、鉄斎とともに美術院会員に任命された日本画家は今尾景年・小堀鞆音・竹内栖鳳・山元春挙であったが、その中で鉄斎が最年長者であった。一般の画家にとっては、これは非常に名誉なことに相違なかったが、鉄斎はまるで無頓着であった。彼は、その辞令書を筆記帳の中に書き写したが、肝心の「帝国美術院会員を仰付けらる」というくだりを書き落している。しかし、全国鉄道の無料パスをもらった時はうれしかったらしく、孫の益太郎にそれを見せながら、「これがあると、どこへでも、ただで行けるんじゃ」と、にこにこしたそうである。旅行のすきだった鉄斎にとっては、何よりの贈物だっただろうが、年が年とて、ついに一度もそれを利用する機会はなかった。彼は美術院会員の会合には一度も出なかったし、帝展にも出品しなかった。十一月、大徳寺《だいとくじ》真珠庵《しんじゅあん》で、山本行範とともに藤原惺窩《せいか》三百年祭を行った。

そのころ大阪毎日新聞の記者が鉄斎の談話を聞きに行った。鉄斎は床の間にかけた野呂介石《かいせき》の模写した黄大痴《こうたいち》の天池《てんち》石壁《せきへき》図を示して、いろいろと説明し、こんな塩梅《あんばい》に介石等も古画を臨模して古法を体得したのじや、此頃はえらい南画流行《ばや》りで仰山《ぎようさん》新しい画家が出来るが、俺は見ようともせんよ。素々《もともと》南画というものは隠者の楽みで、古人の筆意を学んで、人格で画をかくのじや。と語り、また「和州含山県八景図帖」を見せながら、大雅が無名《むめい》という名を使いはじめたのは、祇園南海《ぎおんなんかい》からこの画帳をもらったからで、『画乗要略《がじようようりやく》』の説は間違いであると説明し、

俺は知つての通り元が儒生で、画をかくというのが変体じや。それで師匠もなければ弟子も取らぬ。唯もう書物の中から出して画を画《か》くばかりで、それで書物という書物、画論という画論は大概買つて読んで居る。先年、死んだ伜《せがれ》の謙蔵を支那に遣《や》つたのも、画論を集めさしにやつたような訳で、南画の根本は学問にあるのじや。そして人格を研《みが》かなけりや画いた絵は三文の価値もない。俺の弟子取りをせぬ理由もコヽじやわい。新しい画家に言うて聞

かしたい言葉は、「万巻の書を読み、万里の道を徂《ゆ》き、以て画祖をなす」と、

唯これだけじや。

と語った。鉄斎は老いて、ますます元気であった。

九年(一九二〇)の春、東京で開かれた聖徳太子御忌一千三百年記念展に「蘇東坡図」を賛助出品した。九月、高野山に「弘法大師図」を奉納した。これは高野山の管長土宜《とき》法竜《ほうりゆう》が鉄斎と親しかったからである。鉄斎は維新のころから神官をやっていた時分にかけては、神道家としての面を強く出したが、その後は次第に仏典にも親しみ、禅書なども盛んに読んでいた。したがって僧侶との交際も出来、日置《へき》黙仙《もくせん》などとも親しかった。このころの彼の思想は、儒教・道教・仏教・神道を一丸にしたような立場であった。

十年(一九二一)六月、大阪高島屋呉服店美術部の主催で個展が開かれた。これまで鉄斎は文展にも帝展にも出品したことはなく、したがってその作品は一般大衆の

眼にふれることは少なかったのであるが、鉄斎に心酔していた高島屋美術部の谷上摂山《せつざん》が周旋して、この展覧会を開き、鉄斎の芸術を広く世間に紹介することになったのである。この展観の出品作は画集『掃心図画《そうしんずが》』として出版された。七月、弘法大師の用いた古い銅印が無くなったのを惜んで、土宜法竜とはかり、篆刻家の秦蔵六《はたぞうろく》に模造させて高野山に納めた。

十一年(一九二二)二月、友人の諏訪蘇山《すわそざん》が死んだので、建仁寺で行われたその葬儀に列席し、友人総代として弔辞を読んだ。蘇山とは大正六年(一九一七)一緒に帝室技芸員に任命されてからの交際であったが、若いころの友人はみな死亡していたので、晩年の鉄斎が訪問に行くのは蘇山ぐらいのものであった。四月、孔子二千年祭に参列した。儒学者である鉄斎が孔子を尊敬するのは当然であるが、彼が自ら彫った印には「受孔子之戒」というのがあった。また、このころ東寺の寺標を書いた。

魁星閣

　七月、かねてから建設中であった鉄筋コンクリート三階建の書庫「魁星閣《かいせいかく》」が落成した。これは年々鉄斎の蔵書は増えて行くばかりであり、また謙蔵の貴重なコレクションをも安全に保護する必要があったので、手狭な画室の改築をも犠牲にして、まず書庫を建てたのであって、一階には鉄斎の蔵書、二階と三階には謙蔵のコレクションを納めた。鉄斎は苦心して集めた万巻の書籍が永久に焼けないで後世に残ることを祈った。ある日、とし子が何時ものように画室へ朝の挨拶に行くと、鉄斎は「昨夜夢を見たが、この部屋を建て直して十畳にして、東から南へ廻り縁を付けたら、大そう住み心地がよかった」と語ったので、とし子は「では、そうしたらどうでしょう」と言うと、鉄斎は大へん喜んで、すぐ改築に取りかかることになり、木造書庫の賜《し》楓《ふう》書楼《しょろう》の二階に臨時の画室を設け、二月ばかり

無量寿仏堂

そこで相変らず制作にいそしんでいた。新しい画室は十畳の主室の外に、三畳の仏間と二畳の控室、四畳の物置とで、仏間との境の襖には、もとの画室の襖に貼

ってあった為恭《ためちか》の「真言八祖行状絵図」を改装して用いた。建物は、「せめて先生の画室は木曾檜を使いたい」と建築家は言ったが、質素な鉄斎は台湾檜ですませることにした。欄間は鉄斎の下絵を職人に彫刻させた。この画室は十月に落成した。鉄斎は、これを「無量寿仏堂《むりようじゆぶつどう》」と名づけ、西園寺に額を書いてもらった。無量寿仏堂というのは、仏間に法然上人の彫ったという阿弥陀像を祭ってあるので、それにちなんだのであった。画室が出来たのを機会に、六畳の居間も改造することになり縁も広くして硝子戸をつけたので、夜中に老人が便所に行くのにも寒い思いをしないですむことになり、また電燈も各所につけて、以前にくらべると便利になった。この工事がすむと、母屋《もや》も孫たちが次第に成長して手狭になっていたので、それも新築することになった。

なお、この年七月三十一日、正五位に叙せられた。鉄斎は明治十年(一八七七)正七位に叙せられたまま、その後位をすすめられることもなかったのだが、今は帝室技芸員であり、帝国美術院会員でもあるので、陞叙《しょうじょ》されたのであろう。九月七日、長尾雨山の発起で宇治川に赤壁雅会《せきへきがかい》が催され、鉄斎も老体を押して出席し、舟を浮べて清遊した。これは、蘇東坡が八百四十年前に赤壁に遊んだのを記念する会で、鉄斎はその費用をまかなうため「前赤壁」「赤壁四面」の二図を描いて寄附した。十一月、大阪高島屋呉服店で個展が開かれた。この時の展観には、鉄斎は

前赤壁図　(大正11年)

蘇東坡に関する蘊蓄《うんちく》をかたむけて、東坡を画題とする作品百点を描いて出陳した。画集『東坡百図』が出版された。

十二年(一九二三)鉄斎は、すでに八十八歳であった。米寿をめでたがる人情で、彼の作品を求める人が非常に多く、また画室も新しく出来たせいか、この年の鉄斎の制作は、おびただしい数にのぼった。二月、米寿の内祝いとして、市内の貧しいの人々ために、京都市に寄附金を贈った。八月、京都市から摂政宮の成婚奉祝の献納画を依頼され、「武陵桃源図」「瀛洲神境図《えいしゅうしんきょうず》」の双幅を制作した。九月、関東大震災が起ったので、義金を送った。また米寿を記念して『貽咲墨戯《いしょうぼくぎ》』という画帳を制作し、その精巧な複製を知人にくばった。大阪高島屋呉服店が主催して、米寿記念展を開き、画集『米寿墨戯《べいじゅぼくぎ》』に全出品作を載せ出版を計った。鉄斎の筆はますます冴《さ》えわたり、その自由奔放な芸術は人々の心を深くとらえた。このころまた仁和寺に『大正新修大蔵経《だいぞうきょう》』を画幅とともに寄贈した。

母屋の新築の準備をはじめた時、孫女夏枝が伝染病にかかり、病院で急に死亡した。十三歳であった。伝染病なので家に連れ帰ることが許されぬままに葬儀をすませた。ある日、孫の益太郎が朝の挨拶に画室に行くと、鉄斎は「小さい位牌がいじらしいわい」と若死した孫娘をいたんだ。

曼陀羅窟

この年の暮れには母屋の改造も出来上り、これまで独立家屋であった隠居も、母屋と部屋続きに往来できるようになったので、夜間老人夫婦だけの不用心さもなくなった。新築の母屋は二階建で、以前にくらべて広々とし、洋風の応接間もあったので、鉄斎はこの家を曼陀羅窟と名づけ、上海の呉昌碩《ごしょうせき》に依頼して額を書いてもらい、それを玄関にかかげた。ある時、勅使河原蒼風《てしがわらそうふう》が鉄斎を訪問すると、鉄斎はその額を示して、何と読むかと聞いた。マンダラクツと言うと、鉄斎は、これはマダラクツと読まぬといかんと言い、人はすべて一色ではいかぬ、いろいろのものがまじって、まだらになっているのがいいと語ったそうである。鉄斎の思想も芸術も、あらゆるものが渾然《こんぜん》一体となっているので、鉄斎自身の言葉で言えば、まだらであった訳である。

十三年(一九二四)、春まだ浅いころ、持病の胆石が起って一時重態におちいった。鉄斎は、かなり若いころから胆石があって、時々寝こむことがあったのだが、なにしろ八十九歳の高齢なので家人も心配した。幸いに間もなく恢復して、三月には法然《ほうねん》上人の遠忌を記念して「山輝《さんき》水媚《すいび》図」を制作し、知恩院に寄贈した。これは亡息謙蔵が、かつて浄土宗々立中学校に教鞭を取ったことがあるからである。また大正十年(一九二一)に死んだ亡友前田正名《まさな》の記念碑を知恩院の境内に建てることになり、鉄斎はこの碑に彫りつけるため、前田が山高帽をかぶり、荷物を背負い、洋傘《こうもり》を持ち、尻はしょりで歩いている姿を絵に描いた。ある有名な彫刻師が、それを石に刻むことになったが、彼は出来るだけ立派な仕事をしたいと思って、一日鉄斎を訪い、鉄斎の絵をそのまま石に貼りつけて彫刻したいと願い出た。その熱心さに打たれて鉄斎は承知した。地鎮式に臨んだ鉄斎は、その席上で、そのことを披露した。世話人たちは驚いて、「勿体のうございます、勿体のうございます」と、しきりにとめたが、鉄斎は聞こえないふりをして、そのまま押し通した。帰りの自動車の中で、家人は「お爺さんも相当なもんや」と話しあった。鉄斎は都合のわるい時は、金《かな》つんぼを装《よそ》うことがあったのだ。西川一草亭《いっそうてい》の伝えるところによると、ある時鉄斎は利休《りきゅう》の遠忌の展観に出かけ、床の間にかけてあった利休の肖像を下ろして、さっさと模写をはじめたので、驚いた番人が大声で止めても、知らん顔で模写を続け、終ると床の間にもどして行ってしまったと言う。鉄斎というのは怪《け》しからん爺さんだと茶人は憤慨していたそうである。

この年の夏のころは、鉄斎は非常に元気であった。食欲もさかんで係りの医者も驚くくらいであった。画室にいないので、家人が心配して探すと、三階建の書庫の天辺《てっぺん》まで附添いもなしに一人で登っていることもあった。ある日の午

栄啓期図

後、孫の益太郎が書庫へ行くと、鉄斎が中にいるらしいので、手伝うこともあろうかと思って中へはいると、倉の南東のすみで鉄斎が一人で何かやっていた。そばへ行くと、「一寸この箱をとってくれんか」と言うので、片隅に積みあげた物の中から小箱を取り出してやると、中をごそごそ掻きまわして紙幣を取り出し、箱を元にもどさせて、「お前ならではじゃ、金がいれたある」と言った。それが鉄斎の金庫だったわけである。

このころ彼の制作活動は、いささかの衰えを示すどころか、かえってますます活溌になっていた。初秋のころからの制作には九十歳の落款《らっかん》をした。これは翌年の正月掛けに知人たちに配るつもりであったのだろう。あるいは早く九十歳と書いてみたいという無邪気な気持ちであったのかも知れぬ。このころ彼は「老而益学」という印をほらせたが、八十九歳の老齢ながら一日として読書せぬことはなく、また制作を怠らなかったのであった。十月、西加茂神光院で、蓮月の五十回忌法要をいとなんだ。

十二月のはじめ、胆石のため病床についたが、中ごろ恢復し、箱書などの依頼がたまっているのを全部書き、また「栄啓期《えいけいき》図」などいくらかの作品を描いた。この図には

九十行年、栄啓期《えいけいき》、
太平、楽み多し幸男児。
万象を揮毫《きごう》する、皆周易《しゅうえき》、

八卦《はっけ》変爻《へんこう》、我が師と為す。

という詩を書いた。栄啓期は孔子と同時代の隠者で長寿の人だったので、鉄斎は自分を啓期になぞらえたのであろう。なお、この詩の文句によって、鉄斎は絵を描く時、易《えき》を立てたのではないかと推測する人もあるが、それは根拠のない臆説にすぎない。八卦変爻というのは単に自然のもろもろの現象というぐらいの意味に解すべきである。この「栄啓期図」は、はからずも彼の絶筆になったが、しかしそれは非常に力強い作品で、とてもその死の数日前の制作とは思えないほどのものである。

二十七—八日ごろ、また病気が起って床についたが、大したこともなく大晦日《おおみそか》を迎えたので、この様子なら明日は病床で雑煮を祝うことも出来るだろうと、孫娘たちは正月用の買物に出かけた。鉄斎は虫が知らせたというのか、とし子と益太郎を枕元に呼んで、書庫の中にしまってある金の隠し場所を図に書いて示した。

昼頃、係りの浅木という医者が来診したので、元気に雑談をかわし、折柄到来のうどんを医師にすすめ、鉄斎も食べて横になって休んでいた。医師が帰って間もなく、ふと、とし子が見ると、容態が変っているので、驚いてすぐ電話を医者にかけた。玄関を入ったばかりの医者が、すぐ引きかえして来たが、間もなく死亡したのであった。行年八十九であるが、正確には満八十八歳に少し不足であった。栄光の一生はここに、その幕を閉じた。

越えて翌年正月三日に発喪、四日密葬を行った。勅使を差遣《さけん》され、維新のとき国事に奔走した功により、位一級を追陞《ついしょう》して従四位に叙せられ、祭祀料を下賜された。八日、葬儀を行い、寺町四条下ル竜池山大雲院《りゅうちざんだいうんいん》の富岡家の墓地に葬った。法名、無量寿院鉄斎居士《むりょうじゅいんてっさいこじ》。会葬の名士は二千名に及んだ。狩野直喜・小川琢治・本田成之・長尾雨山らの学者・文人が相談して墓誌を作った。これは急いで作ったので、今日から見ると間違いも多いが、念のため次にかかげておく。

故帝室技芸員帝国美術院会員従四位鉄斎富岡先生墓誌

先生、姓は富岡氏、諱《いみな》は百錬、初めの名は猷輔、鉄斎と号す。家、世《よよ》、平安に居る。高祖維直君、心学を石田梅岩に承け、称して入室と為す。曾祖維徳君、和歌を善くし兼ねて画に工《たくみ》なり。先生の学問巧芸を以て、名を一世に著《あら》わす、蓋《けだ》し淵源する所有り。先生、少《わか》くして山本菋園《まいえん》・林鶴梁《かくりよう》に師事す。時に家道振わず、寒餓交《こも》ごも至る。益《ますま》す志を奮いて学に力《つと》め、名節を砥礪《とれい》す。弱冠《じゃっかん》、国事の多難なるを憂え、交《まじわ》りを志士に結び、尊王の大義を倡論《しょうろん》す。将《まさ》に為す所有らんとす。既にして安政の大獄起る。適《たま》たま先生、聾《ろう》を患《わずら》う。吏、訊鞫《じんきく》するも状を得ず。因って免《まぬが》るるを獲《え》たり。性、素《もと》より画を好む。是に至りて諸友相勧めて画を以て生を謀らしむ。明治の初め、筆を橐《ふくろ》にして海内の都邑・山川を遍歴す。地理を按じて詳《つまびら》かに図を作り、国防に備えんと欲し、数百冊を成す。後、之を内務省に献ず。九年、大和石上《いそのかみ》の祠官を拝し、正七位に叙す。十四年、母老ゆるを以て罷《や》め帰る。是従《これよ》り画名漸く著《あら》わる。廿八年、博覧会審査官に挙げらる。尋《つ》いで、教を京都美術工芸学校に掌《つかさど》る。四十年、旨を奉じて安倍仲麻呂明州望月図・群仙高会図を写す。恭《うやうや》しく叡賞《えいしょう》を邀《むか》え、金を賜りて優褒《ゆうほう》せらる。宗室の諸王、屢《しばしば》命じて画を作らしむ。人以て栄と為す。大正六年帝室技芸員を拝す。八年、帝国美術院会員に薦補《せんぽ》さる。正五位に叙す。十三年十二月卅一日卒す。天保七年十二月十九日に生れて距《よ》り、寿を享くること八十有九。病革《やまいあらたま》るや、朝旨《ちょうし》、其の王事に勤労せるを以て、特に従四位に陞《のぼ》す。元配《げんぱい》中島氏、一女を生むも夭《よう》す。継室《けいしつ》佐々木氏、男謙蔵を生む。先に亡《ぼう》す。嫡孫益太郎、祀《し》を承く。先生敦《あつ》く読書を好み、老に至るまで、手、巻を釈《お》かず。群籍を博綜《はくそう》し、和漢の掌故《しょうこ》に暁通《ぎょうつう》す。尤も陽明学に精《くわ》し。嘗つて言う、我が画は儒生の余技耳《のみ》と。然れども、其の養う所の深きを以て、盤礴揮毫《はんぱくきごう》し、逸気横生《いっきおうせい》、夐《はるか》に蹊径《けいけい》を超ゆ。徳国《とくこく》(ドイツ)人、見て歎称し、東洋画の妙、此《ここ》に極まると謂《い》えり。先生、篤《あつ》く神祇を敬い、廃祠有るを見れば、輙《すなわ》ち、貲《し》を捐《す》てて事を重脩《じゅうしゅう》し風教を補《おぎな》う。必ず楽んで之を行い、曾て労を厭《いと》わず。忠臣・義士の遺跡を闡彰《せんしょう》し、故友の荒墳を脩祭《しゅうさい》する、勝《あ》げて数う可からず。陰徳の行、至性自《よ》り発し、勉めて為すに非ず。是れ、人の及ぶ可からざる所なり。著に称謂私弁・点定孫子呉子有り。画譜数種、世に行わる。詩文稿・手記襍録《ざつろく》、若干巻、家に蔵す。長尾甲譔書。蔵六刻。(原漢文)

鉄斎の妻、春子は昭和十五年(一九四〇)一月、九十四歳で亡くなった。

鉄斎のはじめの名は猷輔といった。猷介・猷助とも書き、明治初年まで使っているが、これは通称であったのかも知れない。万延中には道昂《どうこう》と称し、元治から明治初年には道節・節と称している。その外、明治初年には曄《よう》・魯《ろ》などと書き、また鉄四郎とも称している。百錬という名は維新の前後から終生用い、戸籍にもこの名を用いている。また字《あざな》を無倦《むけん》といった。無僊《むせん》という字があるとの説もあるが、これは無倦を読みあやまったのであろうと思われる。

　万延のころまでは裕軒《ゆうけん》と号していたが、そのころからまた鉄斎という号を使いだした。この号は、その後、終生一貫して用いた。その外、別号は非常に沢山あった。鉄の字をつけたものには鉄史・鉄人・鉄崖・鉄農人・鉄鎗斎・鉄槍斎・鉄学人・鉄道人・鉄頑史・鉄如意斎・鉄硯斎・鉄老斎・鉄仙史・鉄山人・鉄叟などがあり、また考槃《こうばん》・雲介間人・売華居士・鴨沂迂《おうきんう》人《じん》・葦原迂人・思嗜《しし》迂人・学古主人・案《あん》山子《ざんし》・塞翁《さいおう》・瞶々翁《かいかいおう》・清煩悩《せいぼんのう》主人・毫生仏堂主《ごうせいぶつどうしゅ》とも号した。堂号や室号などには少年時代に松濤居《しょうとうきょ》という号を用い、慶応年中から明治初年までは居易《きょえき》書院・居易

鉄叟徒記（明治31年）

堂・蕉陰居《しょういんきょ》・照顔書屋《しょうがんしょおく》・耕読荘《こうどくそう》などと号しているが、これは聖護院村に私塾を開いていた時分から、御幸町に住んでいたころまでである。山紫水明処にいたころは鴨湾艸堂《おうわんそうどう》と号していた。薬屋町に定住してからは桃華室《とうかしつ》・万巻書寮《まんがんしょりょう》・万巻墨荘《まんがんぼくそう》・無量寿仏堂《むりょうじゅぶつどう》・画禅庵《がぜんあん》・画禅盦《がぜんあん》・魁星閣《かいせいかく》・賜楓書楼《しふうしょろう》・銅鼓堂《どうこどう》・独醒居《どくせいきょ》・蘿摩園《らまえん》・学古書院《がくこしょいん》・考古書院《こうこしょいん》・聚蘇書院《しゅうそしょいん》・魁僊書楼《かいせんしょろう》・含山居《がんざんきょ》・菩提菴《ぼだいあん》・蘇《そ》書寮《しょりょう》・硯田荘《けんでんそう》・曼陀羅窟《まだらくつ》・玩日月盦《がんじつげつあん》・毫生仏堂《ごうせいぶつどう》などという号を用いた。

　鉄斎は平素から謹厳な人だったから、大雅のように奇抜な、とぼけた逸話はない。しかし若いころから無頓着であったらしく、道を歩いていて財布を落しても、取りに帰るのが面倒で、そのままもどって来たとか、高貴な人からもらった紋つきを着て外出し、牛車とすれちがって肩のところに牛の糞をべったりつけたまま平気で歩いていたということである。また、ある時、某宮家の宴会で大酔して御前揮毫したが、翌日さらに召出され、「昨日お前の描いた絵は、いったい何を描いたのか」と作品を出して聞かれたので、鉄斎も熟視したが自分ながら分らず、「殿下がお分りにならないのと同様、私にも分りません」と閉口して謝《あやま》ったというようなこともあった。鉄斎が普段お守りや神符を大切にしていたのは神道家としては当然だが、山元春挙の妻が足の病気でこまっていた時、わざわざ春挙を訪れて、足の病は加茂の太田神社のお水をいただくと直ると教えたことがある。円山応挙の飼っていた狸が月夜に腹鼓を打ったというような話を真面目に信じていたらしく、また柴田という画商の親類の女に狸が取りついたということを柴田から聞いて筆記の中に書きとめている。しかし妻の春子にくらべると、鉄斎はそんなに迷信家でもなかったそうで、春子は烏鳴きが悪いと、「誰か外に出ている者はないか」と母屋に聞きに来て、もし外出者があると、その者の茶碗を釜の上に伏せ、かまどの神に安全を祈るのが常であったし、孫たちが熱を出すと水天宮の御符《ごふう》を呑ませるという風であった。

鉄斎が西宮の辰馬家に滞在して屏風画を制作した時、辰馬家の主人から頼山陽が自ら彫った「山碧水明《さんぺきすいめい》」という印を示された。鉄斎は山陽の旧居、山紫水明処に住んだことがあり、『山陽詩註』を出版したこともあるから、山陽とは縁が深かったので、この印が欲しくてたまらなくなり、帰京すると「貴方が持っているより、私が持っている方が、この印が生きる」という妙な理屈をつけて、是非譲ってくれという所望の手紙を書いた。辰馬家の主人は、尊敬する鉄斎の懇望を無《む》

山紫水明処図（大正10年）

下《げ》にことわることも出来ずに困ったが、表面は鉄斎に譲るということにして、実は鉄斎の生きている間だけ借すという約束を富岡家の家人と相談してきめた。そうとは知らぬ鉄斎は、本当にもらったものと思いこんで、大へん喜んで、菅井梅《すがいばい》関《かん》の描いた山紫水明処の絵を写しては、この印を押して自慢にしていた。鉄斎が死んだ後、この印は辰馬家にもどされた。鉄斎は決して高価な骨董品《こっとうひん》などは買わなかったが、しかし自分がこれと思う由緒の品には相当強い執着を示したのである。

一五　鉄斎の人格・学問・芸術

これまで述べて来たところからも明らかなように、鉄斎は道義心のきわめて強烈な人であった。生れつき、そうであったのだろうが、少年時代から青年期にかけて接触したすぐれた先輩や友人の感化も見のがすことは出来まい。晩年の彼は、一見きわめておだやかな老人ではあったが、「権門に屈せず、富貴に媚びず」というはげしい気性は生涯消えうせることがなかった。信仰心があつく、義理がたく、また同情心に富んでいた。

彼は終生、学者をもって自任し、画工と見られることを非常にきらっていた。自ら皇学者と称し、儒者とも言っていた。その学問は儒学・国学・仏学にわたったが、その中心は儒学、ことに陽明学であった。そこに矛盾するものがあっても、それを統一するのは彼のきびしい道義感覚であった。彼の学問は、学道という意味での学問であり、道徳的実践こそ彼の学問の中心的な課題であった。

彼の芸術は、彼自身にとっては「性情ヲ陶汰スルノ遊戯」に外ならず、「胸中ノ逸気《いっき》」を写し出すものであった。人格をみがかなければ、描いた絵に三文の価値もないというのが彼の口癖であった。彼の芸術は、彼の人格の表現に外ならなかった。したがって彼は出来るだけ、世のため人のためになるような教訓を、作品の中に盛りこもうとした。彼は無意味なものを描くのを好まなかった。「わしの絵を見るなら、まず賛を読んでくれ」と始終言っていた。彼が晩年まで、ほとんど一日も読書を怠らなかったのは、世道人心のためになる画題を、古書の中から見つけるためであった。また一面、絵画は「天地造物ノ理ヲ悟リ、我筆端ニ露出スル」ものであるから、博学多識でなければならなかった。だから、彼はあらゆることに興味を持ち、どんなことでも徹底的に調べた。彼には一定の師匠はなかったが、中国画であれ、日本画であれすぐれたもの、あるいは参考になるものは、すべて模写して古法を体得した。たとえば沈石田《しんせきでん》・唐寅《とういん》・董其《とうき》昌《しょう》・徐青藤《じょせいとう》・石濤《せきとう》・黄慎《こうしん》らの作品を模しているし、その他明《みん》・清《しん》名家の作品は片っぱしから研究していたらしい。日本の南画についても同様で、特に大雅と蕪村の『十便十宜《じゅうべんじゅうぎ》帖』は三度も模写している。しかも、彼の研究は南画だけに限られていたのではない。大和絵・仏画・狩

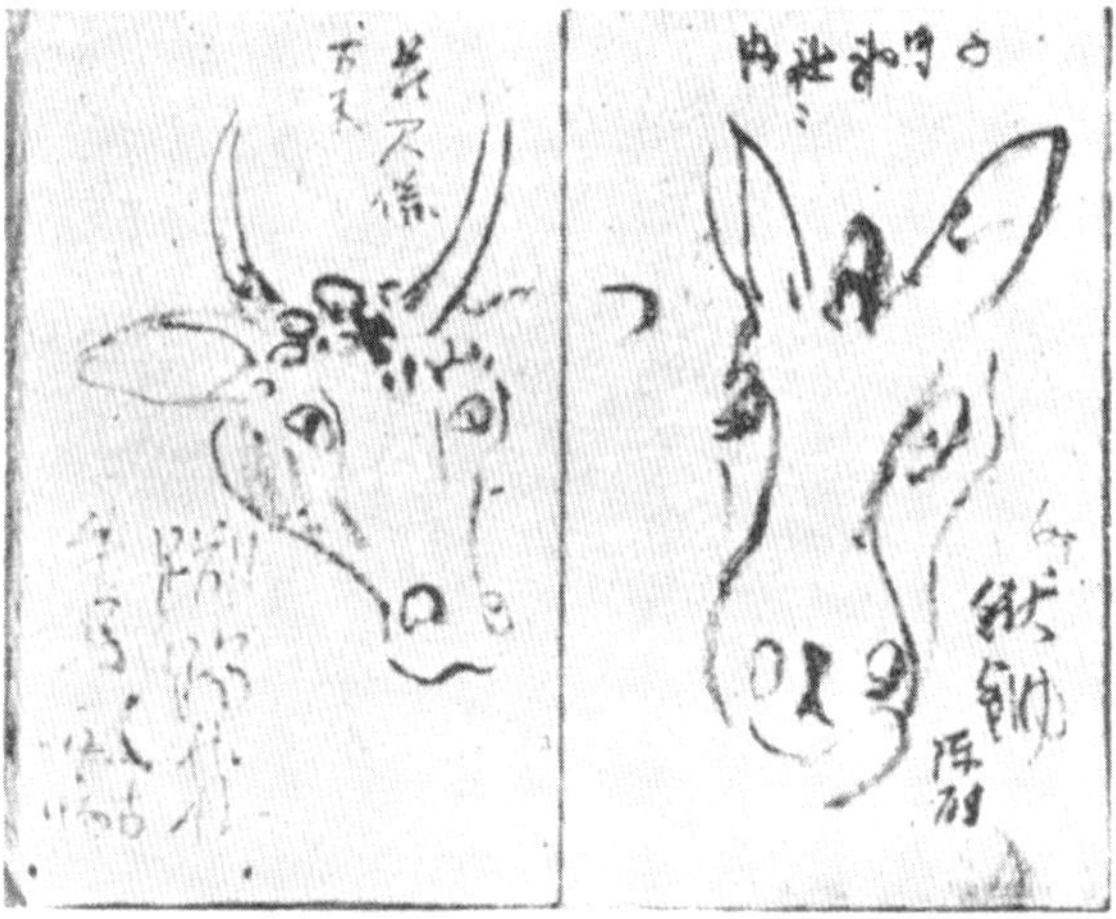

子守神社神宝牛馬の面　（明治31年）

野派・琳派・浮世絵、さては大津絵にいたるまで、むさぼるように探求している。たとえば法隆寺金堂壁画の一部分・玉虫厨子《たまむしずし》・高山寺《こうざんじ》の鳥獣戯画巻・伝隆信《たかのぶ》筆源頼朝像・伝雪舟《せっしゅう》筆富士山図・初期浮世絵の遊女図など、彼の模写した日本画の数もまたすこぶる多い。このように彼は古人の画格《がかく》や筆意を研究したが、決して古人の構図をそのまま蹈襲《とうしゅう》することはなく、「自己ノ胸中」より独創することに努力をついやした。そして「一木一石ヲ研究シ、真物ヲ参照シ、造化ヲ手ニ入」れることを理想としたので、写生には非常な精力をそそいだ。旅行のたびに彼は携えた手帖の中に眼にふれた風景を描き、また家庭にあっては、さかんに植物を写生した。彼は山水画を得意としたが、「聖賢・神仏ヲ敬慕」するところから、人物画も沢山描いた。したがって水墨画ばかりでなく、着色画にも非常な苦心をはらった。日本の画家としては、彼は雪舟《せっしゅう》・狩野探幽《たんゆう》・池大雅《たいが》・谷文晁《ぶんちょう》・田能村竹《たのむらちく》田《でん》などを尊敬したが、また写生画の大家として円山応挙《まるやまおおきょ》にも敬意をはらっている。

作品の数

一般の南画家とちがって、鉄斎の眼界は、きわめて広かったのである。

なにしろ二十歳以前から絵を習いはじめ、八十九歳で亡くなるまで、およそ七十年間描き続けたのだから、その間に制作した作品は、屛風や襖のような大作から色紙《しきし》・扇面《せんめん》などのような小品まで含めて、およそ一万点にのぼったのではないかと推察されている。この数は決して誇張ではないので、鉄斎はきわめて筆の速い人だったから、たとえば明治二十七年(一八九四)五十九歳の時、秋葉山の可睡斎で、早暁から夜中の二時・三時ごろまで筆をとり、大小の絹本《けんぽん》七十枚を制作するというレコードを作ったし、

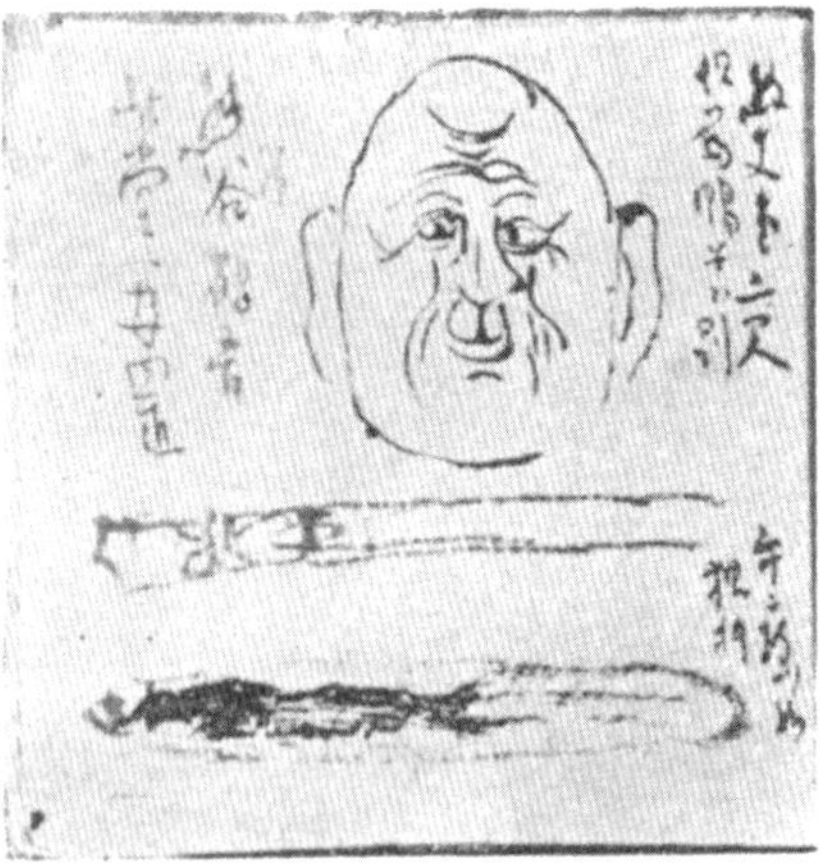

大江定基像（明治36年）

また七十歳ごろから八十歳すぎまでの十年間に、息子の謙蔵が記録した作品だけでも三千点はあり、この外鉄斎が人に贈ったものも相当にあったはずだから、更にその数は増加するので、その全生涯の作品の数を一万と見積もるのは、むしろ少なすぎるかも知れないのである。もっとも明治以前の作品で、今日残っているものは割と少ないが、それは当時彼が無名作家だったので、世間の人も彼の絵をあまり大切にしなかったからであろう。後年の作品も、太平洋戦争の戦火で、東京・大阪・名古屋・西宮・堺、その他において焼失したものが相当にあるが、それでもなお数千点は残っているであろう。

とにかく七十年の画歴だから、その間に画風もいくたびか変っているが、常識的にその制作年代を三期に分つならば、まず五十歳ごろまでを前期、五十歳ごろから七十歳までを中期、八十代を晩期とするのが妥当であろう。

前期の芸術

彼の作品として、もっとも古いものは十九歳の時に描いた「関羽像」「孔雀図」

が富岡家に残っているが、これは窪田雪鷹《せつよう》の手本の模写である。二十五歳の時に描いた「寿老人図」は、裕軒《ゆうけん》という号を使ってあり、彼に絵の手ほどきをした雪鷹の画風にそっくりであるが、技巧的にはまだ幼稚なところが残っている。唐寅《とういん》にならったという山水で、文久ごろのものと推定されるものがあるが、このころから彼は本格的に南画の研究を進めたのであろう。元治・慶応ごろから明治初年の作品は、すでにかなり進歩の跡を示しているが、それらは藤本鉄石・板倉槐堂・山中信天翁・村山半牧ら彼の先輩たちの画風に酷似《こくじ》したものが多い。主に水墨の山水であるが、今日の抽象画やアンフォルメル絵画を連想させるような指頭画の作品や、砲丸をつみかさねたような立体派風の山水もあって、中々新しいことをやっている。このころ、すでに大和絵や大津絵の制作も、さかんにやっていた。当時の彼の絵は、線にスピードがあり、書も針金のように細く強い感じのものであった。四十歳ごろには鉄史、四十七歳前後には鉄崖という号を用いているが、このころには一人前の作家として、すでにその手腕は相当に熟していた。構図は緊密になり、線描《せんびょう》はやはりスピードがあるが、前にくらべて太さを増し、書風も金冬心《きんとうしん》ばりになっている。以上を初期とするが、大体において、この期間の作品は、特にすぐれた出来ばえのものは例外として、言わば南画の法則をそのまま作品にしたようなものが多く、まだ生硬《せいこう》の感をまぬがれない。鉄斎は決して早熟の天才ではなく、六十歳ごろまでは、むしろ無器用な作家であった。

中期の芸術

中期においては、書画ともに、その線がいちじるしく太くなり、かつ重々しく力強くなっている。鉄斎の個性が次第に、はっきりと成長して来ている。前期には紙本水墨が多かったが、このころには絹本着色の密画が多くなり、また襖・屛風・長巻のような大作をさかんに描いている。中期の前半でも、時に素晴しく出来のよいものもあるが、一般的には構図や賦彩《ふさい》に非常な精力をつかいながら、それがかえって効果を減殺して、いくらか煩わしい感じになっているものもある。

しかし後半、七十代の末になると、彼の芸術はすでに古典的な完璧さに到達した。構図はひきしまり、色彩も効果的になり、物象の立体感や実在感の表現も非常に適確になった。だからクルト＝グラーゼルが当時の彼の作品に心酔して、東洋画の妙は、ここに到って極まると讃嘆の辞を惜しまなかったのも当然で、たとえば内藤湖南に贈った「風雨読書図」など、この時代の代表作として、もっとも有名なものである。

八十代になってから、鉄斎の画境は、また一段と進展した。どんなにすぐれた作家でも、こんな高齢になると腕が下がるのが通例であるのに、鉄斎は八十を越してから、それも年を取れば取るほど、ますます自由奔放になって行ったのだから不思議で、世界中を見わたしても、こんな人は珍しい。晩期の作品はほとんどその一つ一つが傑作といってよいほどの出来ばえであるので、代表作を挙げるとなるとかえって困難を感じるくらいであるが、強いて言うならば、住友家の「掃《そう》蕩俗塵図《こうぞくじんず》」、清荒神《きよしこうじん》の「王元之竹楼記図《おうげんしちくろうきず》」「古仏龕図《こぶつがんず》」「弘法大師入唐求法図《こうぼうだいしにっとうぐほうず》」「寿老人図《じゅろうじんず》」「瀛洲仙境図《えいしゅうせんきょうず》」「東坡謁仏印図《とうばえつぶついんず》」「東坡帰院図《とうばきいんず》」「普陀洛山観世音菩薩像《ふだらくさんかんぜおんぼさつぞう》」、正宗家の「閨窓脩竹図《けいそうしゅうちくず》」「渓居清適図《けいきょせいてきず》」、石川家の「瀛洲仙境図《えいしゅうせんきょうず》」「癖顛画史《へきてんがし》」、富岡家の「貽咲墨戯《いしょうぼくぎ》」「栄啓期図《えいけいきず》」、田中家の「青竜図」などを挙げることが出来よう。この期間の前半には絹本着色の密画が多く、後半はもっぱら紙本であるが、紙本でも水墨や淡彩ばかりでなく、岩絵具をさかんに使った絢爛豪華なものが少なくない。構図は非常に自由で、しかも複雑でありながら、いささかも破綻《はたん》を示していない。好んでジグザグの構成法を使っているが、これが画面に深みを与えている。しかも雲烟でごまかすようなことをしないで、ほとんど画面一ぱいに描きこんで、空間の連続性を執拗《しつよう》に追求している。筆は太く、たくましく、重厚で、物象の立体感や実在感をしっかり把握している。最晩年の紙本画には、さかんにかすれ筆で画面をたたきつけたような線を用いているが、これは鉄斎の独創的な画法であった。また筆のかわりに墨の棒を使って面白い効果を出しているものもあり、これも鉄斎の発明した技法である。用墨においては破墨・溌墨・積墨の諸法を、まるで魔法のように自在に駆使していて、時には画面が真黒になるのもいとっていない。それで中国人の中には、鉄斎のこうした作品を批して墨猪《ぼくちょ》・墨豚《ぼくとん》と言っている人もあるそうであるが、鉄斎の絵は真黒なように見えてもちゃんと遠近が別れ、物象の形がはっきりと現われている。特に淡墨の調子は素晴しく、墨色が非常に澄んでいる。おそらく中国にも日本にも、鉄斎ほど自由自在に墨を使いこなした人は他にないであろう。鉄斎の色彩感の素晴らしいことは、すでに定評があり、朱・緑青《ろくしょう》・群青《ぐんじょう》などの岩絵具の使い方のたくみさは、専門画家でさえ驚くほどであった。顔料の選択には細心の注意が払われ、その溶き方もきわめて丁寧で、膠《にかわ》の調子が絵具の質を良く生かしている。藍・代赭《たいしゃ》・草の汁などを用いた淡彩の色調も素晴しい。鉄斎はコロリストであったのだ。

東洋絵画史上における鉄斎の位置

晩期の鉄斎の作品は若々しく、力強く、ほとばしるような生命感の充実したものであった。彼の芸術は一方では徐青藤《じょせいとう》・八大《はちだい》山人・石濤《せきとう》・高鳳翰《こうほうかん》・金冬心《きんとうしん》・鄭《てい》板橋《ばんきょう》・陳老蓮《ちんろうれん》などの明清画《みんしんが》における反アカデミズム的な主意主義の系統を承け、他方では大和絵・琳派《りんぱ》など日本画の諸流派の色彩法を取りこみ、それらを彼の偉大な個性の熔鉱炉《ようこうろ》の中で精錬し結晶させたようなもので、それが偶然にも西欧近代の後期印象派や野獣派の芸術に一脈相通じるものとなったのである。鉄斎はクルト゠グラーゼルからレンブラントの画譜をもらった時、「余の補益を西画に得るも亦、少からざる也」と筆記帖の中に書いてはいるが、特に西洋画を研究したことはなく、まして近代西欧作家によって影響されるというようなことはなかったのだが、東洋画の伝統をぎりぎりに押しつめて行った結果が、はからずも西欧近代のもっとも尖端的な芸術精神に接近することになったので、これは東洋と西洋の偉大なめぐりあいであった。彼の晩期の芸術が時にはセザンヌ Paul Cézanne

に、時にはゴッホ Gogh に比較されるのも偶然ではない。

大ていの作家は、生前どんなに有名でも、死んで十年・二十年たつと世間から忘れられるのが普通だが、鉄斎はそうではない。彼の死後、その名声はますます高く、たびたび展覧会が開かれ、画集や伝記が出版された。梅原竜三郎は、「近き将来の日本美術史は徳川期の宗達《そうたつ》・光琳《こうりん》・乾山《けんざん》と、それから大雅《たいが》と、浮世絵の幾人かを経て明治・大正の間には唯一人鉄斎の名を止めるものとなるであろう。」と述べているが、これは決して誇張ではない。今日、鉄斎の名は世界的になりつつあるのである。

鉄斎の偉大さを、はじめて発見した西洋人はクルト＝グラーゼルであったが、パリー派の画家パスキン Julius Pascin は、日本の友人からもらった鉄斎の画集を見て、「鉄斎はモンディャル(世界的)な作家だ」と驚嘆した。戦時中ヒットラーに追われて日本に来ていたドイツの有名な建築家ブルーノ＝タウト Bruno Taut

も鉄斎に感動し、ながい文章を書いて、鉄斎をほめたたえた。美術批評家エリーゼ＝グリリ Elise Grilli は、鉄斎の芸術をウォルト＝ホイットマン Walt Whitman の詩のように力強く生命感にあふれていると批評した。ワシントンのフリヤ画廊にあって中国絵画史の権威であるジェイムズ＝カーヒル James Cahill は感激のあまり、アメリカにおいて鉄斎の個展を開くために尽力した。サン＝パウロのビエンナーレ展審査員マリオ＝ペドローザ Mario Pedrosa は、「鉄斎の芸術はセザンヌのように構成的で、ユーゴーのようにロマンティックだ。彼はゴヤ、セザンヌとともに十九世紀の世界三大作家の一人だ。われわれが鉄斎を知らなかったのは、われわれの恥辱である。われわれは近代美術史を書きなおさねばならぬ。」と激賞した。

アメリカの鉄斎展は昭和三十二年（一九五七）から三十四年（一九五九）にかけて満二年間、ニューヨーク・ボストン・カンサス・ロス＝アンジェルス・シヤトル・サン＝フランシスコ・ラ＝ジョラ・セント＝ルイス・アトランタ・コロラド＝スプリング・ホノルルの各地の美術館で開かれ非常な好評を博した。日本の作家の個展が、海外でこのような成功をおさめたのは、これが最初である。三十五年はカナダで展覧会が開かれたし、四十一・二年（一九六六―七）英・仏・独・伊でも開催された。鉄斎の芸術は世界を征服しつつあるのである。外国の美術館にも鉄斎の作品を所有するところが次第に増えて行く傾向にある。たとえばパリーのギュイメ美術館には二十点、ローマのヴァチカン美術館には三点、ボストン美術館には二点の鉄斎が秘蔵されている。個人のコレクションの中に入っているものも相当にあるらしい。

鉄斎の学問も思想も前近代的であったことは否定できないだろう。しかし彼の芸術は不思議にモダーンである。彼の絵の賛をすらすら読み、その教訓的な意味を理解できる人は今日では少ない。これは鉄斎の本意にそむくことかも知れないが、しかし時勢の移り変わりで止むを得ないことである。そうした制約があるにもかかわらず、そのような時代の断層を乗りこえて、鉄斎の芸術は現代のわれわれをとらえ、われわれを魅惑《みわく》し感動させる。心学も陽明学も神道も、今日のわれわれには興味がないとしても、「天」という無限な至高者に対して敬虔《けいけん》に、深い幅の広いヒューマンな愛情で、この人生をたくましく、ひたむきに、純粋に生きぬいていった彼の人間像と、その人間性をさながらに反映した彼の芸術に、われわれは心を打たれるのである。

富岡家略系図

大坂屋作兵衛（寛文元年死 法名喜西）――十一屋元祖某（元禄四年死 法名浄安）

- 十一屋元祖某
  - 美　啓（通称伝兵衛、寛保二年死、法名浄甫）――吉兵衛（享保八年死 法名浄真）
  - 忠兵衛（享保七年死 法名浄喜）――以　直（通称伝兵衛、美啓の養子となる、天明七年死、法名浄敬）――石

石＝成　文（通称伝兵衛、大江権甫の子 寛政十二年死、法名浄成）

- 成文
  - 維　徳（通称伝兵衛、文化十三年死、法名浄閑）
  - 維　績（通称伝兵衛、文政元年死、法名浄真）
    - 維　嘉（文政十年死 法名浄照）
    - 維　叙（通称伝兵衛、安政三年死 五十三歳、法名浄観）＝絹（荻野氏、明治二十八年死、八十五歳）
      - 敬　憲（通称伝兵衛、明治十四年死、五十一歳、法名浄心）
      - **百　錬（鉄斎）**
    - 美　悦（鵜飼家を嗣ぐ 明治四年死）

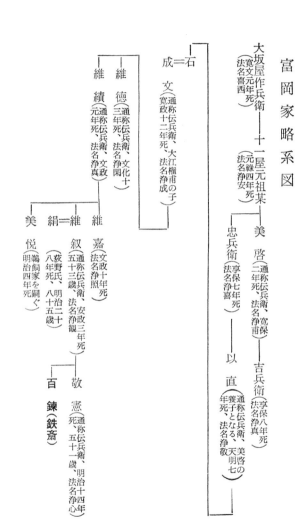

富岡鉄斎略年譜

年次	西暦	年齢	主要事項	参考事項
天保七(丙申)	一八三六	一	一二月一九日(西暦一八三七年一月二五日)京都三条通室町西入衣棚法衣商十一屋伝兵衛富岡維叙の次男として生る。母は丹波氷上郡黒井村荻野氏の女絹。初めの名は猷輔	
同 一二(辛丑)	一八四一	六	このころ、山本菋園について句読を学ぶ	野之口隆正、京都に報本学舎を開く〇渡辺崋山死す
嘉永三(庚戌)	一八五〇	一五	このころ、野之口隆正について国学を学ぶ。また岩垣月洲について漢学を学ぶ	一一月、海防を厳にすべきことを幕府に勅す〇高野長英死す
安政元(甲寅)	一八五四	一九	このころ、窪田雪鷹について絵の手ほどきを受く。また小田海仙・浮田一蕙のもとに出入した	一月、米使ペリー再来〇三月、米と和親条約締結〇吉田松陰捕えられる〇椿椿山死す
同 三(丙辰)	一八五六	二一	このころ、北白川の雲居山心性寺において大田垣蓮月と同居、尼の製陶を助けた〇五	山本梅逸死す

			月二四日、父維叙死す（五三）○このころ春日潜庵について陽明学を学び、また梅田雲浜にも学んだ	
安政五（戊午）	一八五八	二三	二月一五日、分家○安政大獄起り、春日潜庵・梅田雲浜・頼三樹三郎・浮田一蕙等師友捕えらるるもの多かった	四月、井伊直弼大老となる○九月安政大獄○一〇月、家茂将軍となる○梁川星岩（七〇）死す
同六（己未）	一八五九	二四	このころ、羅渓慈本に詩文を学ぶ。また書画の練習にはげんだ。裕軒の号を用う○越前に遊ぶ	浮田一蕙（六五）・梅田雲浜（四四）・頼三樹三郎（三五）・橋本左内（二六）・吉田松陰（三〇）死す
万延元（庚申）	一八六〇	二五	このころ、道昴と称し、また鉄斎の号を用いはじめた○冬、蓮月が聖護院村の貧民を救済するのを助けた	三月、桜田門の変
文久元（辛酉）	一八六一	二六	長崎に旅行。数月滞在して、海外の事情を探り、小曾根乾堂・木下逸雲らと交わる○十二月ごろ帰京	一二月、和宮降嫁
同二（壬戌）	一八六二	二七	月瀬に遊ぶ○このころ、聖護院村の蓮月旧居に私塾を開いたが、生活困難であった○山中静逸・板倉槐堂・江馬天江・藤本鉄石	一月、坂下門の変○四月、伏見寺田屋騒動○八月、生麦事件○小田海仙死す（七八）

文久三（癸亥）	一八六三	二八	・松本奎堂・平野国臣らと交際 八月、友人藤本鉄石・松本奎堂ら大和五条に兵を挙ぐ〇一〇月友人平野国臣生野に兵を挙ぐ	五月、長州藩外国船砲撃〇七月、英艦鹿児島砲撃〇八月、大和の変〇一〇月、生野の変〇藤本鉄石（六八）・松本奎堂・貫名海屋（八六）死す
元治元（甲子）	一八六四	二九	このころ道節と称す	七月、蛤御門の変〇八月、長州征伐〇長藩連合艦隊と戦う〇平野国臣・岡田為恭（四二）死す
慶応元（乙丑）	一八六五	三〇	このころ、蓮月に結婚をすすめられた〇一一月、『孫呉約説』の序文を書く	武田耕雲斎（六三）死す
同二（丙寅）	一八六六	三一	七月『孫呉約説』出版	七月、将軍家茂死す〇一二月、慶喜将軍となる〇孝明天皇崩〇木下逸雲死す（六七）
同三（丁卯）	一八六七	三二	このころより学者として名声ようやくあがる〇二月二三日、小田海仙の子梅仙の媒妁で円山派の画家中島華陽の女多津（一九）と結婚〇七月、移居〇一〇月、板倉槐堂・小野湖山・神山鳳陽・江馬天江・頼支峰・岩谷迂堂らと国事を議す〇一一月、『鉄荘茶	一月、明治天皇践祚〇一〇月、大政奉還〇一二月、王政復古

明治元（戊辰）	一八六八	三三	譜』出版 このころから百錬の名を用い、また暉・魯などと称した○八月、長女秋生る○一〇月中井竹山著『草茅危言』を校訂して出版○一一月、大阪より紀州に遊び、那智の滝を見る	一月、鳥羽伏見の戦○四月江戸城公収○一〇月、東京行幸○森田節斎（五八）・村山半牧（四二）死す
同　二（己巳）	一八六九	三四	一月、『称呼私弁』の序文を書く○二月御幸町姉小路上ルに転居○三月、東京行幸に供奉○三月二四日、妻多津急死（二一）○四月、帰る○八月、金剛山に登る○西園寺公望の開いた立命館の教員となる○『称呼私弁』『山陽詩註』出版○木戸孝允・八田知紀・岩下方平・近藤芳樹・松浦武四郎らと交わる	三月、東京行幸○六月、版籍奉還○羅渓慈本（七六）・日根対山（五七）死す
同　三（庚午）	一八七〇	三五	三月、『蓮月老人和歌漫録』の出版を計る	
同　四（辛未）	一八七一	三六	五月、大台原山に登る	野之口隆正（八〇）・祖門鉄翁（八二）死す
同　五（壬申）	一八七二	三七	一月、敦賀に遊び、武田耕雲斎の墓を弔う○二月、岡山県に遊ぶ○三月四日、愛媛県	

明治六（癸酉）	一八七三	三八	浮穴郡豊田村佐々木禎三の三女春子(二六)と結婚○五月、大阪より海路鹿児島に遊び、高千穂峰に登山、海路神戸を経て七月帰京○一〇月、新三本木南町山紫水明処に移居○二月、長男謙蔵生る○三月、地誌・地図の類を太政官に献納○五月、東京滞在中、湊川神社宮司に任ぜられる話があり、官命によって帰洛○六月一五日、湊川神社権禰宜に任ぜられ、七月四日赴任したが、即日辞表を出し、京都に帰った○一二月松山に遊ぶ	八田知紀(七五)・岩垣月洲(六八)死す
同（甲戌）七	一八七四	三九	一月、地誌・地図献納に対し太政官より賞金下賜○六月より一〇月にかけて、北海道・東北・関東各地を遊歴○一二月、上京三十区亀屋町に移居	
同（乙亥）八	一八七五	四〇	二月、岡山県に旅行○四月、山中静逸・江馬天江・岡本黄石らと奈良博覧会見物○吉野山に遊ぶ○七月長野県伊那郡浪合村に尹	

			良親王の遺跡を探り、飯田に滞在、甲府に出で富士山に登山、駿河口に下山、東京に出た○このころ、鉄史の号を多く用いた○一二月、大田垣蓮月（八五）死す	
明治九（丙子）	一八七六	四一	五月、讃岐に遊ぶ○五月三日、大和石上神社少宮司に任命、六月単身赴任○七月、附近の歴代天皇の陵を巡拝○一一月、吉野奥地の南朝故蹟を探り、紀州本宮・十津川庄を巡歴○一一月教導職のことについて意に合わぬことがあり辞表提出、堺県令税所篤に慰留さる○一二月、堺県行幸道筋の神社御陵位置図巻調製を堺県より依頼された○一二月二七日大鳥神社大宮司に任命	村瀬秋水死す（八二）
同一〇（丁丑）	一八七七	四二	一月一七日大鳥神社に赴任○三月、堺行在所において天皇に拝謁○五月、和歌山県下巡歴○七月一七日、正七位に叙せらる○一二月、神宮制度改正、大鳥神社宮司に任ぜらる	西郷隆盛（五一）・塩川文麟（七〇）・中島華陽（六五）死す

明治一一（戊寅）	一八七八	四三	一月、河内（大阪府）讃良郡南野村小楠公墓碑落成式に臨む○五月、河内郡上水分村水分神社参拝○大和（奈良県）高市郡柏ノ森村加夜奈留美命神社の復興を計る	春日潜庵（六八）・菊池容斎（九一）・春木南溟（八四）死す
同　一二（己卯）	一八七九	四四	八月、大和高市郡雷村気吹雷響雷神社・吉野（和歌山県）大国栖御魂神社再建を計る○九月、兼補権少教正	板倉槐堂（五八）死す
同　一四（辛巳）	一八八一	四六	六月、大阪府下和泉国大鳥神道分局長申付けらる○一〇月一六日、兄伝兵衛敬憲（五一）死す○一一月七日、辞表提出○一二月九日、依願免本官○専補権少教正○一二月二八日、依願解任大鳥神道分局長○一二月二五日、小川為美より上京区室町通一条上ル薬屋町の住宅を買う	
同　一五（壬午）	一八八二	四七	一月、京都に帰り、粟田口の仮宅に入る○三月、薬屋町に移る○この前後数年間、鉄崖の落款が多い	フェノロサ、文人画と油絵を排斥○安田老山（五五）死す
同　一八（乙酉）	一八八五	五〇	先輩山中静逸（信天翁）死す（六三）	小曾根乾堂（五八）・宮原潜叟（八〇）死す○フェ

明治一九（丙戌）	一八八六	五一	八月、幸野楳嶺主催の青年絵画研究会展覧会の学士審査員に推さる○一二月、羽倉可亭米寿賀宴に出席○詩仙堂住尼の後見人となる	ノロサ、第一回鑑画会大会を開く 第二回鑑画会大会・東洋絵画共進会開かる○池田雲樵（六二）死す
同　二〇（丁亥）	一八八七	五二	三月、谷如意・頼支峰・神山鳳陽・江馬天江らの賀会に出席○四月、城崎玄武洞を探る○八月、福井県金崎に新田義貞の墓を弔う○一〇月、太秦広隆寺の牛祭を復活	日本美術協会創立○東京美術学校開設○渡辺小華（五三）・羽倉可亭（八九）・矢野玄道（六五）死す
同　二一（戊子）	一八八八	五三	二月、車折神社の社掌となる○一二月、吉井義之らと温古会を組織	松浦武四郎（七一）・狩野芳崖（六一）死す
同　二二（己丑）	一八八九	五四	二月、高知県に遊び土佐国府趾を探る○八月、東海道各地を経て鎌倉・宇都宮・日光・足利に至る	憲法発布○東京美術学校開校○福島柳圃（七〇）・河鍋暁斎（五九）・頼支峰（六七）死す
同　二三（庚寅）	一八九〇	五五	五月、岡本黄石の八十賀宴出席のため東上、鎌倉に遊び、六月、甲府滞在、七月、蔦の細道を探る○京都美術協会委員となる○『京都美術雑誌』第一号に「清帝我邦ノ美	帝室技芸員の制度設置○京都美術協会創立○神山鳳陽（六七）死す

明治二四（辛卯）	一八九一	五六	術ヲ賞ス」発表 五月、大阪府川辺郡多田村に紺青山を探る○六月、京都私立日本青年絵画共進会審査顧問○一〇月名古屋に旅行○『絵画叢誌』第五一巻に「紺青山」発表	吉井友実（六四）・柴田是真（八五）・鈴木百年（六七）死す
同　二五（壬辰）	一八九二	五七	四月、第二一回京都市美術工芸品展審査顧問○五月、京都美術協会評議員○『京都美術協会雑誌』第一号に「繍之話」、第二号に「古牛祭図解」、第三号に「繍之話」、第五号に「吉野草紙ノ一節」、第六号に「陶工木米画像并逸事」発表	原坦山（七四）死す
同　二六（癸巳）	一八九三	五八	二月、京都市美術学校商議員○四月、京都美術協会評議員に再選○四月第二二回京都市新古工芸品展絵画鑑別員○京都市美術工芸著名物産の沿革取調を嘱託さる○五月、名古屋建中寺に陳元贇の墓を弔う○六月、京都美術協会特別会員に推薦さる○一一月宇田淵二と図書会を柳池校に開く○『京都	平野五岳（八五）死す

明治二七（甲午）	一八九四	五九	美術協会雑誌』第一四号に「印金堂」発表○このころ、岡鹿門来訪す三月、陶器揮毫会出席○同月、天皇銀婚式奉祝のため医師安藤精軒献上の画巻「和歌浦」「三保望岳」制作○四月、第二二回京都市新古工芸品展絵画部審査部長○五月、京都美術協会評議員再選○五月一九日、京都市美術学校教師を嘱託さる○五月、愛知県川名村丹羽嘉言追薦会に出席○次いで秋葉山・興津清見寺に遊ぶ○秋、東大寺尊勝院経庫の蔵経を正倉院に奉納のことに従事○『京都美術協会雑誌』第二〇号に「菱形絵表装話」、第二五号に「掛軸表装之事」発表	日清戦争起る○森寛斎（八一）死す
同　二八（乙未）	一八九五	六〇	広島大本営献納の京都画家合作画帖の画題を選定し「王仁献書図」を制作○広島大本営に京都社寺及び個人所有の美術品を差出すため、その選択を京都美術協会より依嘱さる○四月、第四回内国勧業博覧会第二部	長三州（六八）・幸野楳嶺（五二）死す○第四回内国勧業博覧会京都に開催

			審査官を命ぜられ、書と篆刻を審査〇四月二四日、母絹（八五）死す〇六月、三重県上野に遊び、国見山兼好塚を弔う〇一〇月、日本青年絵画共進会審査協議員〇醍醐寺保存会評議員・大極殿遺跡取調委員を嘱託さる〇このころ、滝和亭来訪す	
明治二九（丙申）	一八九六	六一	三月、京都美術協会新古美術品展絵画審査員〇三月二〇日、長女秋（二九）死す〇一〇月、磯部百鱗還暦書画会に「八百遐齢図」寄附〇一一月、京都市美術工芸学校校友会大会絵画審査員〇淡彩山水・牧溪筆意観音図出品〇一二月、京都の南画家二〇数名と共に日本南画協会設立を計る	
同　三〇（丁酉）	一八九七	六二	八月、田能村直入邸で久邇宮に古書画の作者の略歴を説明〇九月、祇園中村楼に清人力鈞を招き、江馬天江・市村水香・小林卓斎らと会飲〇一一月、日本南画協会商議員。同会第一回大会に設色「役小角像」・水墨	衣笠豪谷（四八）・岸竹堂（七三）死す

明治三一（戊戌）	一八九八	六三	「帝釈天像」出品 一月、和気会評議員○四月、日本南画協会第二回大会に水墨「老狸鼓腹図」・絹本淡彩「受天百祿図」出品○四月一〇日、三重県上野の広願寺に十六羅漢供養会を開く○六月吉野に遊ぶ○八月、田能村直入・原在泉らと共に久邇宮邸に招かれ大文字観賞○同月、黒谷光明寺方丈書院の襖と壁張に水墨「幽谷絶壁図」制作○九月、天橋立に遊び大江山鬼窟を探る○一〇月、後素青年会第二総会審査長代○同月、皇太子京都帝国博物館行啓の際、内海吉堂と御前揮毫合作○一一月、日本南画協会第三回大会に絹本水墨「万壑松風図」・着色「太秦牛祭図」出品	日本美術院創立○田崎草雲（八四）・菅原白竜（六八）・野口幽谷（七二）・岡本黄石（八八）死す
同　三二（己亥）	一八九九	六四	四月、日本南画協会第四回大会に絹本「武陵桃源図」出品○八月、久邇宮の依頼で「瀛洲仙境」・「群仙祝寿図」制作○一〇月	谷口靄山（八四）死す

			日本南画協会第五回大会に絹本淡彩「鄭所南施餌図」・水墨「芭蕉行脚図」出品○『骨董協会雑誌』第三号に「支那に於ける文身」発表○この年、小田海仙の遺墨、写生帳を購入	
明治三三（庚子）	一九〇〇	六五	四月、日本南画協会第六回大会。絹本淡彩「芝仙竹寿図」・淡彩「朱墨竹図」出品○五月、皇太子成婚奉祝のため日本南画協会献納の画帳に「蓬壺春暁図」制作○五月、京都美術協会創立十週年に際し総裁伏見宮貞愛親王より金牌親授。絹本「福祿寿図」・扇面「洛西御室図」御前揮毫○七月、謙蔵、中野とし子と結婚○一〇月、山中・山代・福井・金沢に遊ぶ○同月、日本南画協会第七回大会。絹本淡彩「春江漁楽図」・水墨「空谷伝芳図」出品	岩下方平（七四）死す
同 三四（辛丑）	一九〇一	六六	四月、日本南画協会第八回大会。絹本淡彩「十六羅漢図」出品○山中信天翁一七回忌を	江馬天江（七七）・滝和亭（七二）死す

			行う〇九月、清水・三保に遊び、瀬戸に陶祖加藤春慶の墓を弔う〇一〇月、日本南画協会第九回大会に絹本淡彩「茂林幽栖図」出品〇同月、妙覚寺の狩野家代々の墓を修理〇一二月、京都美術協会参考部委員・協議員〇『南宗画志』第二号に「人物画十八描法説」発表〇孫女弥生生る	
明治三五（壬寅）	一九〇二	六七	四月、日本南画協会第一〇回大会。絹本朱画「鍾馗図」出品〇七月、京都美術協会古美術展調査委員会委員〇九月、橋本雅邦歓迎宴に出席〇一〇月、日本南画協会第一一回大会。絹本水墨「高士観瀑図」出品〇『南宗画志』第四号に「僧牧溪の事」、第五号に「如拙画瓢鮎図の事」発表	川崎千虎（六八）・山名貫義（六七）・森川曾文（五七）死す
同　三六（癸卯）	一九〇三	六八	一月、シャム皇太子の前で今尾景年らと陶器画制作〇同月、後素如雲社展。絹本「蓬莱山図」出品〇醍醐寺保存会評議員嘱託〇四月、橋本雅邦来訪〇同月、吉田山共同墓	山本章夫（七七）死す

			地に白幽子墓を再建〇一〇月、長野県伊那郡浪合村尹良親王建碑式に参列〇関東・東北各地巡歴〇一〇月、日本南画協会第一三回大会。絹本着色「福禄寿図」出品〇『南宗画志』第七号に「田能村竹田」発表	
明治三七（甲辰）	一九〇四	六九	三月、京都市美術工芸学校教員を辞職〇四月、日本南画協会第一四回大会。絹本青緑「日蔵収道図」出品〇六月、賀陽宮のために「蓬莱仙境」「武陵桃源図」六曲屏風一双を制作〇一一月、寒霞渓に遊び、琴平神社参拝〇孫女冬野生る〇『南宗画志』第八号に「十六羅漢談」、第九号に「画史登岳」発表	日露戦争起る〇重春塘（七三）死す
同　三八（乙巳）	一九〇五	七〇	一月、後素如雲社新年展観。絹本「福禄寿図」出品〇三月、伊藤家二百年祭に参拝〇一一月、山中信天翁夫妻の位牌を南禅寺天授庵に納む〇『画林』第一〇号に「画論」発表	岩谷一六（七一）・谷鉄臣（八四）・岸田吟香（七三）死す

明治三九（丙午）	一九〇六	七一	四月、久邇宮邸御祝会に出席〇五月、黄檗山に独立禅師の墓を弔う〇亡父五〇年祭を行う〇六月、養楽会、富岡鉄斎先生書画陳列を行う〇建仁寺禅居庵に雪村の墓を再建〇一一月、白川村に白幽の碑を建てた〇この年、紀州に遊んだらしい	久保田米仙（五五）・川村雨谷（六九）死す
同　四〇（丁未）	一九〇七	七二	九月、明治天皇より制作を命ぜられた〇秋南都倶楽部の淇園一五〇年祭に出席〇孫、益太郎生る	文展開設〇田能村直入（九四）死す
同　四一（戊申）	一九〇八	七三	四月、「阿倍仲麿明州望月図」「神仙高会図」完成〇六月、宮中に献上〇一〇月、妙覚寺で狩野元信三五〇年忌を行う〇同月白幽子故蹟に会す〇謙蔵、京都帝国大学文科大学講師となる	橋本雅邦（七四）死す
同　四二（己酉）	一九〇九	七四	二月二〇日夜、吐血卒倒。胃潰瘍と診断〇四月、平癒〇七月、本願寺周芸会に出席	
同　四三（庚戌）	一九一〇	七五	一月、朝香宮家依頼の「人物山水図」制作〇二月、華山会名誉会員に推薦〇四月、韓	韓国合併〇重野成斎（八四）死す

			国統監府の依頼で「大禹治水図」制作○六月、京都美術協会二十週年記念に絵画を寄附○謙蔵、北京に出張	
明治四四（辛亥）	一九一一	七六	五月、久邇宮の依頼画制作○一一月、将軍塚に登る○同月、クルト゠グラーゼル来訪○孫女夏枝生る	野村文挙（五九）・菱田春草（三八）死す
大正　元（壬子）	一九一二	七七	二月、田中村に羅振玉を訪う○三月、再訪 四月、謙蔵、満洲出張	明治天皇崩○村田香谷（八三）・伊藤如石（八〇）死す
同　二（癸丑）	一九一三	七八	四月、岡崎図書館で蘭亭会を開く○大阪の中村梧一、蒐集展観○画集『鉄斎画賸』出版○六月、高芙蓉一三〇年忌出席○一一月東久邇宮家のため「十六羅漢図」制作○堀川端、瑞光院の襖に「大石山科幽居図」制作○一二月、南座に鴈次郎の「英一蝶北窓画談」を見る	望月玉泉（八〇）・奥原晴湖（七六）・川端玉章（七二）・児玉果亭（七三）・岡倉天心（五二）死す
同　三（甲寅）	一九一四	七九	五月、西宮の辰馬家に滞在、「阿倍仲麿明州望月図」「円通大師呉門隠栖図」六曲屏風一双制作○九月、長野県飯田の矢高某の	第一次世界大戦起る○二科会、再興日本美術院創立さる○山岡米華（四七）死す

大正（乙卯）四	一九一五	八〇	ために「五福」「蓬莱仙境図」六曲金屏風一双制作○一〇月、謙蔵、北京に遊ぶ○同月、石濤の「東坡詩意図」を模写○一二月鴈次郎の「渡辺崋山」を南座に見る寿蘇会に「趙子固本蘇公肖照」を縮写出品○大仏大供養に参拝○五月、久邇宮より八十歳の祝として宮家紋章つきの羽織を下賜○八月、伏見宮のため「帝舜耕歴陶河浜図」制作○九月、奈良博物館観覧○大礼記念京都市献上の画帖に「天露湿裳図」制作○一一月、立太子式につき養老の儀により木盃下賜○同月、光悦寺光悦追悼会出席	荒木寛畝（八五）・吉嗣拝山（七〇）・望月金鳳（七〇）・谷口香嶠（五三）死す
同（丙辰）五	一九一六	八一	一月、円山左阿弥楼に寿蘇会を開く○六月画集『無価宝』出版	益頭峻南（六八）・今村紫紅（三七）死す
同（丁巳）六	一九一七	八二	一月、寿蘇会を開く○三月、謙蔵華中に遊ぶ○六月一一日、帝室技芸員を命ぜらる○一〇月二四日、翰文斎古書画展で西園寺公望と邂逅○一一月一五日、京都市公会堂で	野口少蘋（七一）・高森砕岩（七一）・梶田半古（四八）死す

			皇后の前で制作〇一一月一六日、西園寺公望来訪	
大正七(戊午)	一九一八	八三	一月、寿蘇会に万暦刊本によって制作した「東坡像」を出品〇五月三日、鉄斎八十三、春子七十二の祝を円山左阿弥楼で催す〇九月二四日、石田梅岩一七五年祭を行う〇一二月二三日、謙蔵（四六）死す	第一次世界大戦終る〇鈴木松年(七〇)・菊池芳文(五八)・倉田績（九三）死す
同 八(己未)	一九一九	八四	六月羅振玉送別会に出席〇九月八日、帝国美術院会員を仰せ付けらる〇一一月、藤原惺窩三〇〇年祭を大徳寺真珠庵に開く	帝国美術院設置〇寺崎広業（五四）死す
同 九(庚申)	一九二〇	八五	四月、聖徳太子御忌一千三百年記念美術展に「蘇東坡図」を賛助出品〇九月、高野山に弘法大師像奉納	下条桂谷(七九)・日置黙仙（七四）死す
同 一〇(辛酉)	一九二一	八六	六月、大阪高島屋呉服店美術部主催で個展開催〇画集『掃心図画』出版〇七月、弘法大師所用古印の亡失を惜しみ、秦蔵六に模刻させ、高野山に奉納〇友人前田正名(七八)死す	

大正一一（壬戌）	一九二二	八七	二月一四日、諏訪蘇山の葬儀に列し、友人総代として弔辞を読む○四月、孔子二千年祭に参列○東寺寺標を揮毫○七月、書庫魁星閣落成○七月三一日、正五位に叙す○九月七日、宇治川に赤壁雅会を開く○一〇月画室無量寿仏堂成る○一一月、大阪高島屋呉服店美術部にて百東坡展開催○画集『百東坡』出版	諏訪蘇山（七二）死す
同　一二（癸亥）	一九二三	八八	二月、米寿内祝として京都市に寄金、貧困者を救う○八月、摂政宮成婚祝に京都市より献上の絵を依頼され、「武陵桃源」「瀛洲仙境」双幅を制作○関東震災に義金を送る○米寿を記念して画帳『貽咲墨戯』制作大阪高島屋呉服店美術部、鉄斎米寿墨戯展を開催○仁和寺に『新修大蔵経』と画幅を寄贈○住居新築、曼陀羅窟と名づく○孫女夏枝（三）死す	関東大震災○松本楓湖（八四）死す
同　一三（甲子）	一九二四	八九	一月、画集『米寿墨戯、紙芳墨痩』出版さ	今尾景年（八〇）死す

大正一四(乙丑)	一九二五		る○三月知恩院に「山輝水媚図」寄贈○摂政宮成婚奉祝、東京府献納画帳に「礙馭盧島図」制作○揚草仙来訪○前田正名記念碑のために画像制作○一〇月、西加茂神光院に蓮月五〇回忌法要をいとなむ○一二月三一日、午後一時ごろ死去 一月四日、勅使差遣、維新の際国事に奔走した功により位一級を追陞、従四位に叙し祭資を下賜○同日、密葬○八日、葬儀執行寺町四条下ル竜池山大雲院墓地に葬る○法名無量寿院鉄斎居士

文献目録

一　鉄斎の著作その他

A　単行図書

『孫呉約説』　明人何言著　富岡鉄斎校　慶応二
『鉄荘茶譜』　富岡鉄斎編　同三
『草茅危言』　中井竹山著　富岡鉄斎校　明治元
『山陽詩註』　日柳燕石校　富岡鉄斎増校　同二
『称呼私弁』　富岡鉄斎著　同二

B　雑誌に発表された随筆

「清帝我邦ノ美術ヲ賞ス」　京都美術雑誌　一
「紺青山」　絵画叢誌　五一

「繡之話」	京都美術協会雑誌	一
「古牛祭図解」	同	二
「繡之話」(続)	同	三
「吉野草紙ノ一節」	同	五
「陶工木米画像幷逸事」	同	六
「印金堂」	同	一四
「菱形絵表装話」	同	二〇
「掛軸表装話」	同	二五
「支那に於ける文身」	骨董協会雑誌	三
「左甚五郎書」	南宗画志	一
「人物画十八描法説」	同	二
「牧溪の事」	同	四
「如拙画瓢鮎図の事」	同	五
「田能村竹田」	同	七

「十六羅漢談」　同　八
「画史登嶽」　同　九
「画論」　画林　一〇

C　発表された遺稿

「富岡鉄斎翁の日記」　瓶史昭和八年一月号
富岡鉄斎翁の日記「あるにまかせてしるす」　瓶史昭和八年陽春特別号
「鉄斎翁印譜」　瓶史昭和九年新年特別号
「鉄斎翁の筆紙墨論其他」　瓶史昭和九年夏の号
「富岡鉄斎公私事歴録」　美術研究　六五
「富岡鉄斎詩文集」　同　七〇—七一
「富岡鉄斎旅行記」　同　八二
「富岡鉄斎の交友話記抄」（富岡とし子編）　心の花　六六三
「鉄斎の手紙」（富岡益太郎編註）　『富岡鉄斎』（日本美術新報社版）

D　談話筆記

「富岡鉄斎翁」　黒田天外著『名家歴訪録』所載　明治三六

「南画家の逸話奇行」　絵画清談四の二

「山水画談」　同　七の八

「山水画談」　書画叢談三の八

「名画天池石壁の図」　審美八の七

「名画天池石壁の図」　美術之日本一一の八

二　画集その他

『鉄斎画賸』　中村梧一編　大正二

『無価宝』　同　五

『掃心図画』　谷上隆介編　同　一〇

『東坡百画』　同　一一

『米寿墨戯』　堀喜二編　同　一三

『紙労墨瘁』		同一三
『鉄斎小品集』	松宮呉服店美術部編	
『貽咲墨戯』		同一四
『鉄斎墨妙集』	堀　喜二編	同一四
『鉄斎先生試筆帳』	田中伝三郎編	同一四
『鉄斎翁遺墨集』	考槃社編	同一四
『鉄斎先生遺墨集』	田中伝三郎編	同一四
『鉄斎先生名画集』	京都博物館編	昭和一〇
『鉄斎翁作品集』	西沢笛畝編	同一七
『近古賢哲伝絵』	内藤民治編	同一八
『鉄　斎』	中川一政編	同三〇
『鉄　斎』	武者小路・梅原・中川・小林監修	同三二
『鉄　斎』	清荒神編	同三五
『古うつの蔦の細道』		不明

『耶馬渓真景』　布施巻太郎刊　昭和元

『現代世界美術全集』十二　同　二九

『現代日本美術全集』一　同　三〇

『無量寿仏堂印譜』　富岡益太郎編　大正一五

『富岡文庫善本書影』　富岡益太郎編　昭和一一

三　評伝その他

A　単行書

『名家歴訪録』　黒田天外　明治三六

『富岡鉄斎』　本田成之　大正一五

『富岡鉄斎』　河野邦治　同　一五

『富岡鉄斎』　アトリエ編　昭和一三

『空は青し』　富岡冬野　同　一六

『富岡鉄斎』　正宗得三郎　同　一七

『富岡鉄斎と南画』　本田成之　同　一八

『富岡鉄斎の研究』　小高根太郎　同　一九

『富岡鉄斎』　小高根太郎　同　二二

『富岡鉄斎』　富岡冬野・富岡益太郎・富岡とし子・小高根太郎　同　三五

B　雑誌類

「復活した鉄斎翁の生活」　三沢九皐　絵画清談　三の八

「鉄斎翁の為に惜しむ」　松林桂月　書道及画道　二の八

「鉄斎翁生立の記」　横川毅一郎　中央美術一〇一—一〇二

「鉄斎翁の此頃」　大毎美術　三の九

「鉄斎翁の作品」　美術春秋　一

「富岡鉄斎先生」　藤懸静也　美術画報　五六〇

「鉄斎先生に就ての憶出」　正宗得三郎　同　五六〇

「鉄斎翁に就て」　梅沢和軒　同　五六〇

「鉄斎先生余聞」　　同　五六〇
「富岡百錬事蹟略」　　アトリエ　二の二
「鉄斎翁の絵」　石井林響　同　二の二
「鉄斎翁」　森田恒友　同　二の二
「鉄斎先生の死を悼む」　正宗得三郎　同　二の二
「鉄斎先生に関する雑感」　　同　二の二
「無欲恬淡の翁」　高田採古堂　尚美　二の二
「作画三昧の鉄斎翁」　土田麦僊　同　二の二
「鉄斎翁」　橋本関雪　同　二の二
「鉄斎翁の人格と芸術」　山元春挙　大毎美術　四の二
「若々しい気分の鉄斎翁」　川北霞峰　同　四の二
「鉄斎翁の教訓的態度」　加藤英舟　同　四の二
「逝ける鉄斎翁」　大魚楼主人　同　四の二
「鉄斎翁と楳嶺翁」　京極風華　同　四の二

「富岡鉄斎」	村松梢風	中央公論	四五〇
「鉄斎先生」	正宗得三郎	同	四五〇
「私の見た富岡鉄斎」	西川一草亭	同	四五〇
「富岡鉄斎紙上追悼」	豊田豊	美術春秋	三の五
「堺時代の鉄斎翁」	正木直彦	塔影	一一の六
「鉄斎翁についての漫艸」	望月信成	同	一一の六
「鉄斎先生の片事を談す」	正宗薇洲	美之国	一一の四
「鉄斎翁に忘れられぬ事」	富田渓仙	同	一一の四
「鉄斎翁のこと」	金島桂華	同	一一の四
「鉄斎翁の書翰」	庄司浅水	アトリエ	
「富岡鉄斎展を見て」	桑原武夫	コギト	四の九
「鉄斎先生を語る」	正宗得三郎	南画鑑賞	五の一〇
「富岡鉄斎」	鍋井克之	同	五の一〇
「富岡鉄斎片見」	中川一政	同	五の一〇

「鉄斎翁の思ひ出」　西川一草亭　同　五の一〇

「鉄斎先生に就て」　本田成之　同　五の一〇

「鉄斎随感」　中川紀元　同　五の一〇

「鉄斎翁の事」　小川千甕　同　五の一〇

「鉄斎と隆古」　山下新太郎　同　五の一〇

「唯翁一人耳」　水沢澄夫　同　五の一〇

「鉄斎の画境」　斎藤黄葉邨　同　五の一〇

「鉄斎の作風」　下店静市　同　五の一〇

「鉄斎年譜」　同　五の一〇

「鉄斎先生を憶ふ」　小室翠雲　南画鑑賞　六の一一

「とりとめなく」　広津和郎　同　六の一一

「色彩のロマンテイク」　三浦常夫　同　六の一一

「鉄斎の歩み」　棟方志功　同　六の一一

「鉄斎雑記」　伊藤廉　同　六の一一

「鉄斎に心酔したパスキン」柳　亮　同　六の一一
「鉄斎の作品の印象」森口多理　同　六の一一
「鉄斎翁想望」相良徳三　同　六の一一
「鉄斎翁管見」西村　貞　同　六の一一
「富岡鉄斎の旅行記に就いて」小高根太郎　美術研究　八二
「富岡鉄斎翁伝」本田成之　同　一〇六—一〇八
「富岡鉄斎翁の南宗画論」正宗得三郎　国民美術　一の一
「日本南宗画と鉄斎の芸術」添田達嶺　塔影一七の四
「鉄斎翁の近古賢哲画像とその思想的展開」横川毅一郎　同　一七の四
「鉄斎先生賢哲図像の示唆」外狩素心庵　同　一七の四
「鉄斎先生の人と芸術」正宗得三郎　同　一七の四
「画人としての富岡鉄斎」武者小路実篤　婦人公論昭和一六年七月号
「勤王敬神の画人鉄斎先生」西沢笛畝　国画　二の二
「画聖鉄斎」同　造型教育　八の三

「鉄斎筆録より」　三浦常夫　文芸日本　四の五
「富岡鉄斎伝拾遺」　同　新指導者　六の一
「鉄斎画論」　小高根太郎　文芸春秋　二一の二
「富岡鉄斎伝新考」　同　清閑　一七
「鉄斎翁の皇学」　正宗得三郎　美術工芸　二一
「鉄斎略年表」　同　二一
「鉄斎の画に就て」　武者小路実篤　同　二一
「鉄斎翁と読書」　本田蔭軒　日本美術　二の五
「鉄斎と篆刻」　山田正平　三彩　三八
「鉄斎と書」　若海方舟　同　三八
「鉄斎作品の贋物に就て」　城戸勘太郎　同　三八
「鉄斎通信」　青山民吉　同　三八
「鉄斎翁について」　中川一政　同　三八
「鉄斎を学んだパスキン」　柳亮　同　三八

「雪舟大雅鉄斎の道」	里見　勝蔵	同	三八
「鉄　斎　学　人」	日夏耿之助	同	三八
「鉄斎について―梅原先生との会話」	宮田　重雄	同	三八
「鉄斎と考槃社」	青木　青児	同	三八
「鉄斎先生のこと」	園田　湖城	同	三八
「渾身の芸術」	鈴木　治	同	三八
「富岡鉄斎」	小高根太郎	芳春	三の一
「鉄　斎　寸　感」	武者小路実篤	現代の眼	一〇
「祖父を語る」	富岡益太郎	同	一〇
「鉄斎とタッシュ」	伊藤　廉	同	一〇
「鉄斎と玉堂」	青柳　瑞穂	同	一〇
「老成の天才」	中川　一政	同	一〇
「鉄斎翁の追憶」	田中新一郎	同	一〇
「鉄斎の描執」	棟方　志功	同	一〇

「鉄斎ほんものにせもの」　小高根太郎　同　一〇
「富岡鉄斎について」　正宗得三郎　同　一〇
「乗槎浮海図由来記」　滝　拙庵　同　一〇
「鉄斎画の展示を観て」　花田清輝　国華　六五〇
「鉄斎の挫折」　今泉篤男　美術批評　二〇
「鉄斎展の感想」　岡本太郎　同　二〇
「鉄斎をめぐって」　富士正晴　芸術新潮四の一〇
「富岡鉄斎」　矢代幸雄　淡交六七―六八
「富岡鉄斎」　河北倫明　芸術新潮五の一〇
「鉄斎の芸術と伝統」　河北倫明　日本文化財　七
「晩期の鉄斎」　小高根太郎　芸術新潮六の一〇
「鉄斎のにせもの」　　現代の眼　六〇

文献目録補遺 ㈠

A 単行図書

『鉄斎』（アメリカ展記念図録） 清荒神 昭和三五

『鉄斎』（カナダ展記念図録） 清荒神 同 三七

『鉄斎』（ソ連展記念図録） 清荒神 同 三七

『富岡鉄斎』（世界名画全集） 小高根太郎 同 三七

『富岡鉄斎』（日本近代絵画全集） 小高根太郎 同 三八

『Tessai』 Odakane 同 三九

『鉄斎遺墨名作集』 清荒神 同 三九

『鉄斎先生書翰集』 清荒神 同 三九

『鉄斎 The Works of Tomioka Tessai』 Kokusai Bunka Shinkokai 同 四一

『鉄斎扇面』 梅原・武者小路・小林・中川 同 四二

B　雑誌類

「富岡鉄斎『安倍仲麻呂明州望月図』」　河北　倫明　国立近代美術館ニュース四二
「富　岡　鉄　斎」　中村　溪男　日本美術　一八
「水沼をたずねて」（鉄斎の作品より）青木　勝三　萌春　八二
「鉄斎のほうらい山」　郡山　三郎　中美　五七
「鉄　斎　の　書」　宇野　雪村　東洋の美　六
「鉄　斎　の　手　紙」　小高根太郎　萌春　九一
「富岡鉄斎瀛州僊境図」　青木　勝三　美術手帖　一九三
「画家でない画家『富岡鉄斎』」　青木　勝三　三彩　一四八
「鉄　斎　余　話」　小高根太郎　日本歴史　一六四
「富　岡　鉄　斎　所　感」　矢代　幸雄　大和文華　四〇
「近藤家宛鉄斎書簡」　同　四〇
「富岡鉄斎に保証なし」　竹田道太郎　芸術新潮　一七七

文献目録補遺 (二)

A 単行図書

『小林秀雄集』(第十巻)　　昭和四三
『世界の鉄斎』　坂本光聡　同四三
『青木青児全集』(第六巻)　同四四
『鉄斎』　横内正弘　同四四
『鉄斎』　富岡益太郎・谷川徹三監修　同四五
『富岡鉄斎』　青木勝三　同四六
『日本近代美術史論』　高階秀爾　同四七

B 雑誌類

「富岡鉄斎」　横川毅一郎　芳春一三三―七
「鉄斎先生の書」　坂本光浄　墨美　一五五
「鉄斎の画」　金沢弘　日本美術工芸　三三〇

「鉄斎と仁氏家範と小山家」　小山　敬三　日本美術　四五
「鉄　斎　雑　記」　中田　豊　日本美術　四五
「鉄斎の偽物と戦う」　小高根太郎　芸術新潮　二一〇
「鉄　斎　の　落　款」　小高根太郎　墨美　一七五
「鉄斎と富岡文庫」　松下　隆章　学燈　六六ー三

C　研究誌

「鉄　斎　研　究」（一号ー六五号）、鉄斎研究所発行

著者略歴

明治四十二年生れ
昭和八年東京大学文学部美学美術史科卒業
東京工業大学講師、鉄斎研究所長等を歴任

主要著書
菱田春草　平福百穂　富岡鉄斎の研究　富岡鉄斎　鉄斎研究

人物叢書　新装版

富岡鉄斎

昭和三十五年十二月　五日　第一版第一刷発行
昭和六十年十一月　一日　新装版第一刷発行
平成　元　年　十　月　一　日　新装版第二刷発行

著　者　小高根《おだかね》太郎《たろう》
編集者　日本歴史学会
代表者　児玉幸多
発行者　吉川圭三
発行所　株式会社 吉川弘文館
東京都文京区本郷七丁目二番八号
郵便番号一一三
電話〇三―八一三―九一五一〈代表〉
振替口座東京〇―二四四
印刷＝平文社　製本＝ナショナル製本

『人物叢書』（新装版）刊行のことば

人物叢書は、個人が埋没された歴史書が盛行した時代に、「歴史を動かすものは人間である。個人の伝記が明らかにされないで、歴史の叙述は完全であり得ない」という信念のもとに、専門学者に執筆を依頼し、日本歴史学会が編集し、吉川弘文館が刊行した一大伝記集である。

幸いに読書界の支持を得て、百冊刊行の折には菊池寛賞を授けられる栄誉に浴した。

しかし発行以来すでに四半世紀を経過し、長期品切れ本が増加し、読書界の要望にそい得ない状態にもなったので、この際既刊本の体裁を一新して再編成し、定期的に配本できるような方策をとることにした。既刊本は一八四冊であるが、まだ未刊である重要人物の伝記についても鋭意刊行を進める方針であり、その体裁も新形式をとることとした。

こうして刊行当初の精神に思いを致し、人物叢書を蘇らせようとするのが、今回の企図である。大方のご支援を得ることができれば幸せである。

昭和六十年五月

日本歴史学会
代表者　坂本太郎

〈オンデマンド版〉
富岡鉄斎

人物叢書　新装版

2020年（令和2）11月1日　発行

著　者　小《お》高《だか》根《ね》太《た》郎《ろう》

編集者　日本歴史学会
代表者　藤田　覚

発行者　吉川道郎

発行所　株式会社　吉川弘文館
〒113-0033　東京都文京区本郷7丁目2番8号
TEL　03-3813-9151〈代表〉
URL　http://www.yoshikawa-k.co.jp/

印刷・製本　大日本印刷株式会社

小高根　太郎（1909～1996）

ISBN978-4-642-75020-2